Liebe Leserin,
lieber Leser,

damals nannte ich sie Fräulein Sidler. Anfang der siebziger Jahre suchte ich nach jedem ausgelesenen Buch ihren Rat. „Wenn dir der Roman gefallen hat, dann lies als nächstes diesen.“ Meine ganze Jugend über folgte ich den Empfehlungen Barbara Sidlers in der Buchhandlung Dr. Oprecht in Zürich. So kam es, dass ich mit 14 Jahren ein Buch nach dem anderen von Erich Maria Remarque verschlang. Nie wieder las ich später in seinem Werk, aber als Jugendlicher prägten mich seine eindringlichen Geschichten, sie sind als Bilder und Gedanken bis heute fest in mir verankert.

So auch die Bars oder der Hafen der portugiesischen Hauptstadt in „Die Nacht von Lissabon“, dem für mich stärksten seiner vier Exilromane. „Die Küste Portugals war die letzte Zuflucht geworden für die Flüchtlinge, denen Gerechtigkeit, Freiheit und Toleranz mehr bedeuteten als Heimat und Existenz. Wer von hier das gelobte Land Amerika nicht erreichen konnte, war verloren.“ Der namenlose Icherzähler muss sich die ganze Nacht hindurch die Lebensgeschichte eines Fremden anhören und erhält als Gegenleistung von diesem die ersehnten Papiere zur Passage gen Westen. Neben Bildern von verrauchten Bordellen, trinkenden Männern, Hüten in der Dunkelheit und beschwörenden Gesichtern blieb bei mir vor allem ein Gedanke haften: Das Meer stellte und stellt die letzte Hoffnung dar für Emigranten, Flüchtlingen vor Unrechtsregimen.

Ohne Meer gab es auch vor den Schergen des Dritten Reiches kaum einen sicheren Ort. Ohne Schiffspassagen hätten wahrscheinlich weder Willy Brandt, Hilde Domin, Sebastian Haffner, Max Brod oder Gottfried und Brigitte Bermann Fischer überlebt. Der Fotograf Stefan Moses porträtierte sie und viele weitere deutsche Emigranten (Seite 32), die über die See entkamen.

Wir freuten uns in der Redaktion nicht nur über die wunderbaren Porträts Joanna Nottebrocks von den Schwestern Emmi und Soschka, beide an Mukoviszidose erkrankt, sondern auch über die Ehrungen, die unser Redakteur Dimitri Ladischensky jetzt für seinen eindringlichen Text in **mare** *No. 105, der mit den Namen der beiden Schwestern überschrieben ist, erhielt: den Wilhelm-und-Ingeborg-Roloff-Preis der Deutschen Lungenstiftung sowie eine Auszeichnung für eine der zehn besten Reportagen des diesjährigen Hansel-Mieth-Preises.*

Viel Spaß beim Lesen der vorliegenden Ausgabe wünscht Ihnen

Nikolaus Gelpke

Inhalt

Reportage: „Bray Head" – das Geisterhotel an Irlands Südküste

Schatztruhe: Martin Kippenbergers Ansicht vom Leben und Sterben

Titel: Zwei von vielen, die nach Übersee emigrierten: die Bermann Fischers

Leben: Chic in Schale – eine Maske soll Chinas Badende schützen

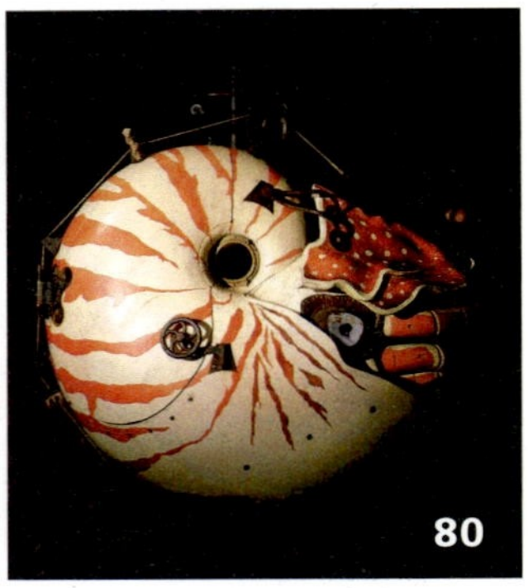

Kultur: Das fantastischste Karussell der Welt dreht sich in Nantes

Kultur: Goethes ausgiebige Kopfreisen an Südamerikas Küsten

Wirtschaft: Selten und gefragt – Meeresalgen in Gourmetküchen

Titelbild

Unseren Titel zieren drei aus einer langen Reihe von Fotografien, die der Münchener Fotograf Stefan Moses (geboren 1928) in den Nachkriegsjahren von heimgekehrten deutschen Emigranten geschaffen hat. Vor allem die Dokumentarporträts von Berufstätigen vor einer Leinwand wurden einem großen Publikum bekannt.

RUBRIKEN

Übrigens: *Ein schöner (Heft-)Rücken kann auch entzücken. Ein Fisch ist ein Fisch ist ein Fisch ...*

1 PANAMA
*Ach, wie schön ist Panama …
So dachte es sich schon Goethe. Dachte es sich, träumte und kam doch nie hin. Und war dennoch viel klüger als wie zuvor.*
Seite 96

2 ATLANTIK
Zweiter Weltkrieg. Kaum ein ziviles Schiff traut sich über den Atlantik. Wie bitte? Eine Flotte ist da unterwegs, ganz in Weiß! Wer das war? Wagemutige Portugiesen.
Seite 52

3 ARKTIS
Der Arthur Conan Doyle, ja, das ist der mit dem Sherlock Holmes, der konnte nicht nur gut schreiben, sondern auch zeichnen. Und jetzt wurde ein Tagebuch von ihm entdeckt. Von einer Reise in die Arktis. Crazy.
Seite 105

4 ISLAND
Es gibt gute Gründe für Veganismus. Sogar im Bier sind tierische Stoffe drin, das ist eklig. Dass allerdings geräucherte Walhoden als Geschmacksverstärker dienen, schlägt der Flasche doch den Deckel aus.
Seite 126

5 BRAY
Dafür, dass hier nichts mehr passiert, ist ganz schön viel los: Unterleibslose Geister, ein radelnder Portier, ein Wikinger, der Stilettos liebt – das Hotel „Bray Head" ist besser als Kino.
Seite 10

6 GREENWICH
Hätte man 1714 auf Lady Squire gehört, ginge der Nullmeridian heute durch den Stall von Bethlehem. Stattdessen: Greenwich. Solide und ohne Stallgeruch.
Seite 74

7 YERSEKE
Früh aufstehen, ein Leid für viele Leute. Wenigstens können sie sich an eine Zeit gewöhnen. Nicht so der Holländer. Sein Arbeitsbeginn hängt an den Gezeiten. So bedeutet früh aufstehen mal fünf, mal zehn Uhr.
Seite 108

8 NANTES
Verschlungen im Höllenschlund. Und auch noch Spaß dabei. Und gar kein Trash, sondern Hochkultur. Nun gut, fast Hochkultur. Aber schön sind sie auf jeden Fall, die schrillen Monster.
Seite 80

No. 109 mare
Die Schauplätze

Karte: mare/RB+MKB-Deskkart

9 VENEDIG
Trauer tragen sie nicht, die Gondeln. Aber neuerdings Nummernschilder. Und wenigstens die sind schwarz.
Seite 124

10 HONGKONG
Und noch ein Grund für Veganismus: In Antibiotika getauchte Fische, in Indonesien gefangen und lebend nach Hongkong ins Luxusrestaurant verfrachtet. Es ist alles tieftraurig, irgendwie.
Seite 118

11 QINGDAO
„In meinem kleinen Itsy-bitsy-Qingdao-Strand-Facekini …“ Bitte was? Tja, die Welt dreht sich weiter. Nicht jeder will nach Honolulu, und Bikinis sind auch nicht mehr so chic.
Seite 64

12 AUSTRALIEN
Wer nur Salzwasser zu trinken hat, verdurstet. Aber es gibt Ausnahmen. Das Wallaby etwa. Das schlürft frisch-fröhlich Meerwasser und ist putzmunter dabei. Woran es liegt? An den Nieren.
Seite 72

13 HAAST
Wenn der nächste Supermarkt 160 Kilometer entfernt ist, kommt man schon auf allerlei kulinarische Ideen: kross gebratene, durchsichtige Fischlarven zum Beispiel.
Seite 70

Die **mare**-*Weltkarte*

Der Versuch, den Globus auf eine Weltkarte zu projizieren, quasi die Quadratur der Kugel, ist ohne Kompromisse zum Scheitern verurteilt. Und so sind es stets die Meere, die auseinandergerissen und verzerrt dargestellt werden. **mare** beschreitet mit seiner Weltkarte den umgekehrten Weg: Nach einer Projektion von Athelstan Spilhaus präsentieren wir die Meere und ihre Küsten so, wie sie tatsächlich zusammenhängen.

DAS BLAUE TELEFON

Ihre mare-Hotline in die unerforschten Weiten und Tiefen der Meere

Ihre maritimen Fragen können Sie per Telefon (0800/218 218 2, gebührenfrei) oder E-Mail (wat@mare.de) stellen. Es antworten Ihnen Albert Gerdes und Jana Stone von MARUM – Zentrum für Marine Umweltwissenschaften der Universität Bremen.

Der Film „Flucht von Alcatraz" soll auf einer wahren Geschichte basieren. Was ist eigentlich aus den Häftlingen geworden?
B. Stein-Cadenbach, Ottersberg
Wegen starker Gezeitenströmungen und kühler Wassertemperaturen in der Bucht von San Francisco galt ein Entkommen aus dem Inselgefängnis von Alcatraz als aussichtsloses Unterfangen. Legendär ist daher der Fluchtversuch dreier Häftlinge in einer Juninacht 1962. Er wurde Jahre später mit Clint Eastwood in der Hauptrolle verfilmt. Das Trio setzte sich mit einem behelfsmäßig aus 55 Regenjacken gefertigten Schlauchboot ab. Doch weder das Fluchtfahrzeug noch die Männer tauchten je wieder auf. Kein Indiz deutete bislang darauf hin, dass sie festes Land erreicht haben könnten. Auf einer Tagung in San Francisco zeigten kürzlich Forscher der Technischen Universität Delft anhand eines dreidimensionalen Modells der Bucht von San Francisco, das Unterwassertopografie und Gezeiten berücksichtigt, wann die Flucht hätte glücken können. Demnach wäre die Zeit um Mitternacht optimal gewesen. Dann wäre dem Trio die kenternde Tide zu Hilfe gekommen. Auf Höhe der Golden Gate Bridge hätte die einsetzende Flut ihr Boot erfasst und nördlich der Brücke angeschwemmt. Da sie ihr Boot aber vor 23 Uhr zu Wasser ließen, wurden sie höchstwahrscheinlich von der Strömung auf den offenen Ozean gespült und sind dort ertrunken.

Es gibt bis heute keinerlei Indiz, dass je ein Alcatraz-Häftling aufs Festland fliehen konnte

Wie wird der Bau deutscher Forschungsschiffe finanziert, und wer übernimmt die Kosten für Forschungsfahrten?
Ein Besucher auf dem Forschungsschiff „Sonne"
„Nur dank des Beitrags der Steuerzahler ist die Meeresforschung mit den Forschungsschiffen überhaupt möglich", sagt Claudia Müller aus dem wissenschaftlichen Sekretariat der Senatskommission für Ozeanografie. Diese Kommission der Deutschen Forschungsgemeinschaft (DFG) koordiniert die Expeditionen der Schiffe „Meteor" und „Maria S. Merian" und begutachtet unter anderem die von den Wissenschaftlerinnen und Wissenschaftlern eingereichten Fahrtvorschläge. Beispielsweise wurden die Baukosten der „Meteor" vom Bundesministerium für Bildung und Forschung (BMBF) getragen. „Dazu kommen dann die Betriebskosten, die von der DFG gezahlt werden. Ein Schiffstag kostet etwa 30 000 Euro. Darin enthalten sind die Kosten für Verpflegung von Besatzung und Wissenschaft, Treibstoff, Wartung, Hafenaufenthalte und vieles mehr", sagt Müller. Gelder für die An- und Abreise der Wissenschaftlerinnen und Wissenschaftler sowie für den Transport von Ausrüstung zum Schiff werden separat bei der DFG beantragt oder durch die beteiligten Forschungseinrichtungen bereitgestellt – ebenfalls aus Steuergeldern. Das Gleiche gilt, wenn es später um die Auswertung der auf der Expedition gewonnen Proben und Daten geht.

Woraus bestehen Manganknollen?
Herbert Stein, per E-Mail
Manganknollen gelten als eine zukünftige Rohstoffquelle, da sie mit wertvollen Metallen angereichert sind. Einzelne Knollen messen nur wenige bis maximal 20 Zentimeter im Durchmesser und finden sich in 3000 bis 6000 Meter Tiefe am Meeresboden. Sie wachsen Schicht um Schicht um einen Keim, etwa ein Muschelstück oder ein Haifischzahn, wobei der Zuwachs von einigen Millimetern bis zu eine Million Jahre dauern kann. Je nach Entstehungsort und -prozess enthalten die Knollen diverse Minerale. Forscher unterscheiden zwei Typen: diagenetische und hydrogenetische Knollen. „Erstere wachsen in oberen Sedimentschichten. Sie werden aus Verbindungen gebildet, die im Porenwasser durch mikrobiologischen Abbau und Ausfällung entstehen. Ein Prozess, der zu besonders hohen Gehalten an Mangan, Kupfer, Nickel, Zink und Lithium führt", erklärt Andrea Koschinsky von der Jacobs University Bremen. „Die Bildung hydrogenetischer Knollen wird durch die Zusammensetzung des Meerwassers bestimmt. An der Oberfläche dieser Knollen lagern sich Spurenmetalle an, die aus dem Wasser ausfallen. Sie sind reich an Kobalt, Seltenen Erden, Tellur, Zirkon und Platin." In den meisten Fällen beeinflussen beide Prozesse die Bildung der Knollen.

Manganknollen sind zwar reich an Mineralen und Metallen, aber sie wachsen extrem langsam

Ist der Verzehr von Skrei vertretbar?
Dagmar Wolf, per E-Mail
Der Bestand des nordostarktischen Kabeljaus in der Barentssee ist der größte weltweit. Im Winter ziehen die Fische zum Laichen zu den nordnorwegischen Inselgruppen der Vesterålen und Lofoten. Weil sie während der Wanderung an Muskelmasse gewinnen und daher besonders gut schmecken, ist der Winterkabeljau, der Skrei, zu Recht beliebt. Er lässt sich guten ökologischen Gewissens genießen, obwohl er vor oder während des Laichens in die Netze geht. „Skreifischerei hat nur einen geringen Anteil an den Fangmengen nordostarktischen Kabeljaus", sagt Bjarte Bogstad, der am Institut für Meeresforschung im norwegischen Bergen die Kabeljaubestände in der Barentssee prognostiziert. „Derzeit wird der Bestand nachhaltig bewirtschaftet." Dies bekräftigt der Internationale Rat für die Nutzung der Meere. Das Netzwerk aus mehr als 4000 Wissenschaftlern sieht den Barentsseebestand im grünen Bereich und empfiehlt für 2015 eine maximale Fangmenge von 894 000 Tonnen. Einziger Wermutstropfen: „Wegen unzureichender Kartierung der Fischgründe können wir nicht ausschließen, dass die Grundschleppnetze, mit denen Kabeljau gefangen wird, Kaltwasserkorallenriffe zerstören", gibt Karoline Schacht, Fischereiexpertin des WWF, zu bedenken.

Eine gute Nachricht für alle Fischgourmets: Der Skrei ist mit gutem Gewissen genießbar

Publicis EtNous
FLANIEREN MIT HERMÈS
HERMÈS
PARIS
Informationen unter:
Tel. 089/55 21 53-0
Hermes.com

Im Geisterhaus

Südlich von Dublin steht am Strand ein altes Grandhotel, das kaum noch Gäste hat. Aber bewohnt ist das „Bray Head" dennoch. Von Dauergästen und von Geistern

Text: Zora del Buono
Fotos: Mirjam Siefert

Es wird dich aufsaugen. Und verschlingen. Du musst wissen: Keiner entkommt Ena. Warte ab, du wirst schon sehen. Und vergiss nicht die Geister.

NUR – WO IST ENA?
In Spanien, sagt der junge Mann mit der Schiebermütze. Sonst sagt er nicht viel. Aber mit wem sollte er auch reden? Hier ist niemand, außer dem einen Gast, der seinen greisen Hund hinter sich her schleppt. Vorhin hat man sie an der Promenade stehen sehen, wie sie aufs Meer blickten, Mann und Hund. Neben ihnen haben Möwen lautstark eine Taube zerlegt. Der Hund blieb ungerührt, zu alt für jägerische Eskapaden.

Später setzt sich einer in die Hotelhalle, der wie ein Wikinger aussieht. Er öffnet den Computer, schaut einen Film, Kopfhörer im Ohr. Das Bildschirmlicht strahlt seinen Nordmannbart an, er hockt im Halbdunkel, niemand hat die Kronleuchter angedreht. Er zieht die Lederjacke nicht aus, es ist kühl, klammes Septemberwetter, das durch die Ritzen dringt. Auf dem Tisch steht ein Strauß verblühter Lilien, ansonsten Kunstblumen überall. Der Schiebermützenmann hat sich durch eine fehlende Strebe des Treppengeländers hinter die Rezeption gequetscht und sitzt an die Wand gelehnt, die Mütze über die Augen gezogen, vielleicht schläft er. Der Wikinger kichert in die Stille hinein. Einmal schiebt ein Mann mit Kapuze ein Fahrrad durch die Halle, es hat geregnet, eine Spur drückt sich auf den bunten Teppichen mit Blumenmustern ab. Ein Gesellschaftsraum geht in den nächsten über, es gibt Ballsäle, Separees, Erker, mal in Blassgrün, dann in Blutrot. Die Tische des Frühstücksraums sind alle gedeckt. Hinter einer verschlossenen Tür mit Guckloch sieht es gemütlich aus, kuschelig warm auch, mit tiefroten Plüschsofas, es muss die Bar sein, vielleicht öffnet sie bald? Der Wikinger gluckst und tippt auf den Bildschirm. Darauf ist er zu sehen, zusammen mit anderen Wikingern, sie gehen gemessenen Schrittes über eine Wiese, mit wehendem Haar.

Es ist nicht nur unten kalt, sondern auch in der Hochzeitssuite im zweiten Stock, einem in Gold und Purpur gehaltenen Eckraum mit fünf Fenstern. Herrlicher Rundumblick auf Meer und Berg und die Wasserfront von Bray, sogar das bescheidene Haus von Sinéad O'Connor ist zu sehen und das Karussell, das sich langsam dreht, mit lauter reiterlosen Pferdchen. Die Heizkörper sind lauwarm, ob es wohl eine zusätzliche Heizung gibt? Der Schiebermützenmann schaut betreten, man müsse auf Ena warten. Eigentlich wäre Abreisen auch eine Option.

Ein Spaziergang durch das nächtliche Bray, *fish & chips* in einer neonbeleuchteten Stehbude, man spricht Polnisch, daneben andere Buden, Süßkram meist, sie sind geschlossen um diese Zeit, die Leute aus Dublin kommen nicht unter der Woche, und die

Lesen Sie bitte weiter auf Seite 17

Vorhergehende linke Seite
Das Hotel wurde um 1860 gebaut. Es hat zwei Ballsäle und jede Menge Separees

Vorhergehende rechte Seite
Ena ist das Herz des Hauses. Sie hat das Hotel von ihren Eltern übernommen

Rechte Seite
Paddy wohnt im „Bray Head". Er trainiert morgens mit zwei Dosen Baked Beans

THE BRAY HEA

Sommerferien sind längst vorbei. Der Strand leuchtet im Mondlicht, das Hotel „Bray Head“ bildet den Abschluss des Ortes, dahinter geht der Küstenwanderweg los, der *Cliff Walk*, der entstand, damit die Eisenbahn gebaut werden konnte, die Dublin mit den Küstenorten im Süden verbindet, 1856 war das, immer dem Meer entlang, durch diese Landschaft voller Buchten und Klippen und Höhlen, wo Schmuggler Brandy, Gin und Seide versteckten, und auf deren Wiesen stämmige Pferde weiden und der Wind der Irischen See über die Gräser streicht. Das „Bray Head“ entstand vier Jahre später, ein frühes Grandhotel, Spielplatz für Irlands Oberschicht. Heute steht es unter Denkmalschutz.

Die Hotelbar ist geschlossen, der Wikinger verschwunden. Ein bisschen noch in der dunklen Halle sitzen; von Ena keine Spur. Oben steht dann ein Heizkörper mitten im Raum, glühend heiß. Das Zimmer zu finden gelang erst im zweiten Anlauf, das Treppensystem ist verwirrend, zuerst muss man hoch, dann wieder hinunter, zudem ist es düster, auf jeder Etage nur ein Tischlämpchen irgendwo, Türen stehen offen, dahinter schwarzes Schweigen. Sind das Hotelzimmer oder Möbellager oder die Aufenthaltsräume der Dauergäste? Man weiß es nicht genau. Schlafen im Hochzeitsbett in der Hochzeitssuite. So viel Liebesenergie in diesem Raum, so viele Erwartungen, geahnte Enttäuschungen, seit 150 Jahren, das sind verdammt viele Ehen, die hier vollzogen wurden, *close your eyes and think of Ireland.* Und draußen schlägt rhythmisch die Brandung aufs Land, ein Kommen und Gehen, immer wieder.

Vorhergehende linke Seite
Die Gesellschaftsräume sind schwer zu heizen. Ena friert, ohne zu murren

Vorhergehende rechte Seite
Erst kam der englische Adel zu Besuch, später die irische Oberschicht. Heute ist es still

Linke Seite
Als Enas Mann Johnie noch gesund war, sorgte er für das Entertainment

Alle wollen Ena gefallen.
Alle fürchten sich vor Ena, ein bisschen.
Und vor den Geistern.
Nur Johnie nicht, der fürchtet sich vor nichts,
auch nicht vor dem Tod.
Er hat den Geist gesehen, die Geisterfrau vielmehr.
Die ohne Beine.

NUR – WO IST JOHNIE?

Er kommt heute, sagt Ena. Das hat sie gestern schon gesagt. Und vorgestern. Welche Tischdeckenfarbe passt besser zu den rosa Servietten, fragt sie, die rosa Papiertischdecken sind aus. Vielleicht Gelb, schau mal, gelbe Tischdecken mit rosa Servietten. Oder Grün, das sieht besser aus, aber Grün, nein, das geht nicht, dann denken die Briten, es seien die Farben der irischen Flagge, das mögen sie bestimmt nicht, also Gelb. Kann jemand Tischdecken kaufen gehen? Ken zum Beispiel, wo ist er denn? Ena faltet flink Servietten, wie sie überhaupt ein flinkes Wesen ist, einem Wiesel gleich. Ken dreht auf dem Parkplatz Runden auf dem Fahrrad, zweimal links herum, dann wendet er, zweimal rechts herum, das tut er schon länger, die Schiebermütze auf wie immer, Dampf zieht aus seiner Elektrozigarette in Schwaden hinter ihm her, die allzeit

roten Backen leuchten noch röter vom Wind. Ein schrilles Klingeln, das war der Fahrstuhl, dann raschelt es, Lindsay eilt vorbei, Plastiktüten in der Hand. Sein Hund stinkt, sagt Ena, man riecht ihn schon draußen, aber was will man machen, Lindsay ist zahlender Gast, kein *cheapy*. Lindsay stammt aus Liverpool, er ist mit der Fähre nach Irland gekommen, eine ganze Woche bleibt er hier, sein Jahresurlaub. Er sieht immer tipptopp aus, ein Mann mit professoralem Gestus, Westentüchlein und Manschettenknöpfen, die Brillenbügel scheinen in den voluminösen Schädel eingewachsen, als ob er die Brille auch nachts nicht ablegen würde. Oben hat er das Zimmer zentimeterdick mit Zeitungen ausgelegt, sogar im Flur liegen welche. Watson muss alle zwei Stunden raus, *he has to relieve himself every two hours*, manchmal reicht es nicht nach draußen, deswegen die Plastiktüten.

Lindsay ist der einzige Gast zurzeit, gestern Abend reisten noch zwei an, ein *mentally* Kranker und sein Pfleger, hieß es, für Zimmer 101. Sie haben sich das Zimmer nicht angesehen, sind gleich ins Dorf gegangen. Ena hat bis Mitternacht auf sie gewartet. Der Pfleger sei schließlich gekommen, um das Geld zurückzufordern, der Kranke sei betrunken umgefallen und liege jetzt in der Notaufnahme, habe der Pfleger gesagt, sie bräuchten kein Zimmer mehr.

Lindsay ist nett, er redet gerne, eigentlich ohne Unterlass, am liebsten hockt er sich auf den Boden, dann ist er nah bei Watson, der da liegt mit diesem leeren Blick, den demente Hunde oft haben, man kauert sich also dazu, wegen des Gefälles, zwei Menschen und ein müffelnder Corgi sitzen auf einem Teppich in der Halle eines Grandhotels. Lindsay ist kein Professor, aber belesen, hat sein Leben lang als Krankenpfleger mit Alkoholikern gearbeitet. Er sagt, er wohne mit mehreren Alleinstehenden in einem Haus, zudem helfe er noch immer in dem Heim für Alkoholiker aus. Man müsse den Leuten andere Vergnügungen als den Pubbesuch bieten, das mit dem Trinken sei schlimmer geworden in England, seit die Pubs ganztägig offen seien. Es sei wichtig, dass man die Alkoholkranken an den Pubs vorbeizerre, in Bibliotheken hineinführe zum Beispiel. Es scheint ein etwas antiquiertes Suchtbewältigungskonzept, aber vielleicht ist sie ja bewährt, diese Liverpooler Methode.

Ken hat sein Fahrrad an die Wand gelehnt, Ena redet auf ihn ein, gestikuliert mit ihren schmalen Händen, die aus der gebügelten Bluse mit dem Blümchenmuster lugen. Sie hat Ken aufgenom-

Linke Seite
Das „Bray Head“ steht am Ende des Ortes. Ein Küstenweg führt in die Hügel hinauf

Rechts
Geblümte Teppiche sind im ganzen Haus zu finden, auch in der Hochzeitssuite

men, weil er Paddys Neffe ist. Paddy wohnt sonst auch hier, aber gerade ist er in Kanada. Ken hat ihr leidgetan, ein verstörter junger Mann, der kaum spricht und eine schwierige Mutter und einen noch schwierigeren Bruder hat, viel Gewalt zu Hause, viel Angst. Die ersten Monate habe er keinen Ton gesagt, sei wie ein Kind Paddy hinterhergelaufen. Jetzt aber übernimmt er schon Verantwortung, bedient manchmal sogar in Johnies Bar.

Ken und Paddy sind nicht die einzigen Dauergäste. Es gibt noch drei Polen, die fast nur miteinander reden, einen Künstler, der schon mal in New York gelebt hat, und Gibb, den Wikinger, den man Scotty nennt, weil er aus Schottland stammt. Ena hatte immer Dauergäste, einer blieb zwölf Jahre. Bald schließt sie das Hotel den Winter über, geheizt wird dann in den Gesellschaftsräumen gar nicht mehr, die Bewohner haben kleine Zimmer nach hinten hinaus, die sind wärmer, es stehen Gasheizungen darin. Ena wird oft vorbeischauen, sie muss sich doch um die *cheapies* kümmern, sind ja alle irgendwie gestrandet hier, und natürlich muss jeder von ihnen etwas tun, damit er so billig wohnen darf, die Hecke schneiden oder eine Wand streichen. Aber man müsse ihnen alles sagen, keiner käme von selbst auf eine Idee, sie ließen sogar die verblühten Blumen in der Vase stehen, wenn sie drei Tage verreise.

Sie kontrolliert uns, sagt Scotty über Ena, auch dein Zimmer, sieh dich vor. Neulich habe er eine Frau über Nacht mitgebracht, da habe Ena morgens unten an der Treppe gestanden und zehn Euro kassiert. Sie habe gedacht, es sei eine Hure, dabei sähen alle Frauen, die er kenne, wie Huren aus, das sei normal, seine *girls* trügen nun mal High Heels und Leggings.

Links
Wenn viel los ist, wohnen etwa zwölf Gäste hier. Meist ist nicht viel los

Rechte Seite
Manchmal nutzen Kinder den Ballsaal für Tanzunterricht – Steppen oder Ballett

Unser *in-house artist* glaubt, er wird fürs Fernsehen entdeckt, sagt Ena über Scotty. Und das nur, weil er gelegentlich als Statist in einer Wikingerserie mitspiele. Wenn im Hotel ein Film gedreht werde, sitze er in der Halle und zeige den Produzenten den Promotionfilm, den er über sich hat machen lassen.

Sie dreht auf, wenn Filmleute hier sind, sagt Scotty über Ena. Das erinnere sie an früher, als das „Bray Head" eines der glamourösesten Hotels Irlands war, *the place to be*, und Johnie das Herz von allem, der große Johnie und seine legendären Nächte.

Es ist schwierig ohne Johnie, sagt Ena.

Man hat ihr zwölf Millionen Euro für das Haus geboten, sagt Scotty.

Einer hat mir 17 Millionen Euro geboten, sagt Ena, der wollte eine Seilbahn auf den Berg bauen lassen. Das war vor zehn Jahren, zur Zeit der Immobilienblase. Irland ging es gut und hier war die Hölle los, in beiden Ballsälen wurde gleichzeitig getanzt. Es sei emotional aber nicht der richtige Moment zum Verkaufen gewesen. Und heute seien die Zeiten schlecht.

Sie will nicht verkaufen, sagt Scotty, sie kann nicht ohne, und ich komme auch nicht mehr weg, das „Bray Head" ist wie ein Kokon, es spinnt sich um dich, du wirst lethargisch und bleibst darin gefangen. Früher sei er Kajak gefahren, aber er habe keine

Energie mehr. Auch für seine Kunst fehle ihm die Kraft. Ich kreiere Masken von meinem Gesicht, weißt du.

Ich kann nicht verkaufen, sagt Ena. Die Jungs brauchen mich.

Es ist sonnig jetzt, Spätnachmittag, Menschen spazieren die Promenade entlang, schlecken Eis, Kinder spielen mit angespültem Tang, Hunde toben über den Strand. Lindsay und Watson stehen neben dem Karussell, weiter schafft Watson es kaum, Ken ist in die Stadt geradelt, Ena muss sich um den Enkel kümmern, sie sei in zwei Stunden zurück. Es sei doch sicher kein Problem, das Haus zu hüten. Später kämen die Kinder von der Stepptanzgruppe, die Lehrerin kenne sich aus. Falls Gäste anreisten, Zimmer 202 sei gemacht, der Schlüssel hänge nicht am Brett, sondern in der Geheimschublade hier; sie schlüpft behände durch das Treppengeländer, agile kleine Frau, die sie ist, mit ihren gut 70 Jahren. Zimmer 202 ist auch das, in dem vorgestern das missmutige Ehepaar mit Kind übernachtet hat. Nach dem Frühstück hat eine tote Maus auf dem Tisch gelegen. Niemand weiß, wie sie da hingekommen ist.

Warten auf dem Stuhl neben dem Eingang. Irgendwann fährt ein rotes Auto vor, auf der Rückbank sitzen Kinder. Zwei Frauen, die wie Huren aussehen, steigen aus und stöckeln auf High Heels und in Leggings über den Parkplatz. Scotty kommt mit schwerem

Gepäck durch die Tür, seine Exfrau und ihre Freundin flögen nach Mallorca in den Urlaub, und er ziehe so lange bei den Kindern ein. Gestern hat er erzählt, seine Exfrau wolle, dass er sich einen Job sucht, eine Wohnung mietet und die Kinder zeitweilig zu sich nimmt, aber das Hotel sei die bessere Lösung für ihn, zudem gebe es hier magische Momente, wie jene Sommernacht neulich, mit einem fremden Gast auf der Terrasse, über ihnen der Sternenhimmel, das Rauschen des Meeres, ein Bier in der Hand, wenige Worte hätten sie gesprochen, stille Eintracht bis zum Morgengrauen. Scotty trägt die langen Haare offen und glänzend gekämmt, er hat auch erklärt, was es mit den bemerkenswert vulgären Frauen auf sich hat, die man entfesselt und spärlich bekleidet überall in den Tanzlokalen der Strandpromenade sieht. Die zögen sich extra aufreizend an, um die Männer zu locken und dann böswillig abblitzen zu lassen, das sei die Macht der Frau. Scotty quetscht sich zu seinen Kindern hinten ins Auto hinein, sie fahren los. Er wird fehlen, einer weniger, der spricht.

Ena ist zurück, sie sitzt in eine Wolldecke gewickelt in der Kammer unter der Treppe und studiert das Gästebuch. Im hinteren Ballsaal tanzen und steppen die Kinder, dünne Beinchen fliegen, es tobt und ist laut, und wenn die Musik in die Halle schallt und die Kronleuchter von den Vibrationen klirren, ist es ein Leichtes, sich vergangene Jahrzehnte vorzustellen, mit all dem Trubel und den illustren Gästen, den britischen Adligen erst und den reichen Dublinern später und den vielen Amerikanern, die auf den Spuren ihrer Vorfahren wandelten, als Enas Eltern die Hoteliers waren, und nicht nur hier, sechs Hotels besaßen sie zur besten Zeit, eines davon ein Palast nördlich von Dublin. ➢

Linke Seite
Lindsay ist aus Liverpool. Zusammen mit seinem Hund verbringt er eine Woche hier

Unten
Die Fenster sind alt. Darum zieht immer ein frisches Lüftchen vom Meer ins Haus

Die Mutter sei die geborene Hoteliersfrau gewesen, hat Ena erzählt, einmal habe sie sieben Hochzeiten gleichzeitig veranstaltet, und keine der Bräute habe sich daran gestört. Die Mutter sei dominant gewesen, aber sie habe unter der Kälte gelitten und sei den Winter über nach Spanien gefahren, dann war Ena die Chefin im Haus, zusammen mit ihrem Mann Johnie, dem Musiker, der so alt und krank ist, dass er nicht mehr die Bar machen kann. Wenn sie die Bar nicht öffnet, hat sie ein schlechtes Gewissen, aber wenn sie die Bar öffnet, ist sie erschöpft, auch wenn kein Gast kommt. Dass der Vater an Alzheimer erkrankte, war eigentlich gut, so bekam er nicht mit, wie die Hotels verkauft werden mussten, die wirtschaftliche Lage treffe jeden, auch andere im Ort.

Dass drüben in der „Harbour Bar“ die Hölle los ist und auch in den Hotelpubs an der Strandpromenade gefeiert wird, mit vergnügungswütigen Männern und Frauen, die ganz nach Scottys Geschmack wären, mag Ena nicht hören, zudem passten solche Leute nicht hierher. Dass die Einheimischen wegen der Geister das Haus scheuen, weiß Ena natürlich. Sie weiß auch, dass manche Eltern den Kindern verboten haben, das Hotel zu betreten, und dass vorwitzige Kinder es gerade deswegen tun, als Mutprobe, die sausen dann beim einen Eingang rein und beim anderen wieder raus. In der „Harbour Bar“ hat gestern ein Fotohistoriker erzählt, wie er im „Bray Head“ einst einen Geist gesehen habe, einen bösen, riesigen Geist, der in der Ecke der Küche hockte. Es gebe viele Geister im „Bray“, aber nur einen bösen, vielleicht schirmt Ena die Küche deswegen so entschieden ab.

Kurze Aufregung plötzlich. Zwei Polizisten haben Ken mit dem Auto angehalten und nach seinem Führerschein gefragt, aus

Linke Seite
Scotty wohnt seit drei Jahren hier. Manchmal spielt er als Statist in einer Wikingerserie

Oben
Manche Säle sind leer, in anderen stapeln sich die Möbel vergangener Jahrzehnte

lauter Langeweile. Ena bittet die beiden in die Bar, sie feuert den Kamin an, Ken bringt den Männern Cola, aufrecht sitzen sie da in ihren Sesseln und plaudern mit Ena, manchmal leuchten ihre Handys auf, flackern im Gleichtakt, eine Polizeimeldung ist eingegangen, aber nicht für sie. Irgendwann kommt ein Notruf, sie müssen los, *domestic violence*, das Häufigste im Ort, betrunkene Männer schlagen blindwütig drauflos.

Noch nach Mitternacht wartet Ena hinter der Rezeption, Ken steht daneben und spielt mit einem Gummiball, Ralph, der eine Pole, sitzt am Tisch und chattet. Im Treppenhaus oben dann ein seltsames Kichern und ein schimmerndes Licht, der Schatten der Pflanze an der Wand bewegt sich, eine Kapuze taucht auf, es ist Marten, der andere Pole, der auf dem Treppenabsatz hockt und auf seinem Handy einen Film anschaut.

Im Zimmer ist das Bett hübsch aufgeschlagen, eine Heizdecke unters Laken gelegt, wann hat sie das denn wieder gemacht? Die Brandung klatscht schwer, als ob das Meer das Haus verschlingen wollte. Das Nachttischlämpchen flackert unruhig, genauso die Lichterkette, die den Strand entlangführt, letzte Zuckungen überall. Der Wind wird stärker, er pfeift durch die Fenster, irgendwann gibt das Lämpchen auf, und alles erstirbt in Dunkelheit.

Lesen Sie bitte weiter auf Seite 28

Viele Prominente waren in
Johnies Bar zu Gast. Er war
Barkeeper und Sänger

Smithwick's
Ale

Du wirst es lieben.
Und wiederkommen.
Irgendwann bist du ein Teil davon.
But you have to know: Bray is an illusion.

NUR – WAS IST BRAY?

Bray ist eine Illusion, sagt Johnie. Ein Ort, der immer in Bewegung war, nicht nur wegen der Eisenbahn. Im 19. Jahrhundert ein Rastplatz für *travelers*, die eine Art *gypsies* waren, aber die *gypsies* wären beleidigt, *travelers* genannt zu werden. Ein unruhiger Ort auch, weil er im Sommer florierte und im Winter leer war, außer den schwierigen Kindern, mit denen Eltern nicht zurechtkamen, die hat man den Winter über nach Bray geschickt, zu Familien, die Zimmer vermieteten.

Watson schnauft schwer, hoffentlich stirbt er nicht, doch er dreht sich nur um und blickt friedlich ins Leere, das Separee ist mit Zeitungen und Tüchern ausgelegt, die Heizung läuft, es ist wunderbar warm. Lindsay hat einen Ausflug ins Hochland unternommen, der Busfahrer hatte sich geweigert, den Hund mitzunehmen, Lindsay war bitter enttäuscht, und so sitzt man nun hier und hütet den Hund, Lindsays Worte im Ohr: Alle zwei Stunden raus! Mindestens! Keine Zwiebeln füttern! Und keine Schokolade! Watson verträgt Zwiebeln und Schokolade nicht! Danke! Danke!

Johnie beklagt sich nicht über den strengen Geruch, er sitzt im Anzug da, hat sich fein gemacht für den Arztbesuch, bevor Ena ihn hier abgeliefert hat, ein Gentleman mit einem Faible für Churchill. Johnie ist 82 und hat nicht mehr lange zu leben, wie er sagt. Angst vor dem Tod hat er nicht. Vor Jahren habe er den Geist gesehen, diese unterleibslose Frau, unscharf irgendwie, als ob sie von einer Aura umhüllt sei. Sie schwebte die Treppe hinauf, das war alles, aber in dem Moment habe er verstanden, die Geister tun nichts, sie sind einfach da, verdeckt vom Nebel der Zeit. Und irgendwann sei man selbst bereit für diese andere Welt.

Er habe nur einen Wunsch gehabt, als er das Hotel verließ, sagt Johnie: sich ordentlich ausruhen, bevor er stirbt. Es sei zu viel gewesen früher. Die Arbeit in der Bar, der Alkohol, er habe zu viel getrunken, dann aber aufgehört, aus eigenen Stücken, nicht wegen Ena. Frauen könnten Männer nie vom Trinken abhalten, niemals! Macht hätten Frauen über Männer nur über den Sex – ein Satz, den Scotty wohl unterschreiben könnte.

Ken schaut schüchtern durch die Tür, Johnie nickt ihm zu, Ken setzt sich hin und lauscht, was Johnie von den großen Zeiten des „Bray Head" erzählt, wie er für die Gäste gesungen hat, und dann setzt Johnie zum Singen an, mit brüchiger Stimme, ein Sinatra-Song, *My Way*. Ena gesellt sich dazu und hält die Hände für einmal ruhig, gefaltet im Schoß. Draußen sieht man Lindsay über den Platz eilen, schimmerndes Abendlicht, Ken hat die Augen geschlossen und Ena jetzt auch, Johnie singt das Lied bis zum Ende durch. Stille. Dann steht Watson freudig auf.

Die Fotografin Mirjam Siefert, geboren 1978, hat das wunderbare „Bray Head" vor drei Jahren entdeckt und während mehrerer Reisen porträtiert. ***mare****-Redakteurin Zora del Buono, Jahrgang 1962, hat sie einmal begleitet und ist nun selbst verzaubert.*

CUNARD
Reisen Sie grenzenlos stilvoll.
Reisen Sie an Bord der Queens.
Den Mythos erleben.
Und die Welt von ihrer schönsten Seite kennenlernen.
Willkommen auf einem Cunard Schiff.
175
YEARS
Ihre Reise beginnt im Reisebüro oder unter www.cunard.de
QUEEN ELIZABETH
QUEEN MARY 2
QUEEN VICTORIA

Leben oder sterben

Fundstücke aus Kunst und Literatur

„Schiffbruch erleiden" ist mehr als eine Metapher für persönliches Scheitern. Seefahrt endete für unzählige Menschen tödlich – und tut es immer noch. Der deutsche Künstler Martin Kippenberger (1953–1997) hat sich in seiner Serie „Das Floß der Medusa" auf das berühmte gleichnamige Gemälde des französischen Malers Théodore Géricault bezogen, das den Überlebenskampf der Schiffbrüchigen einer 1816 auf Grund gelaufenen französischen Fregatte auf einem Floß zeigt, der in Kannibalismus endet. Dass der Amerikaner Herman Melville (1819–1891) nicht nur ein begnadeter Erzähler („Moby-Dick"), sondern auch Lyriker war, ist wenig bekannt. In seinem Gedicht „Auf hoher See" ist das Floß leer; man erfährt nicht, ob die Matrosen überlebt haben, wahrscheinlich nicht. Deutlich wird aber in den wenigen Zeilen, wie mächtig die Natur ist und wie unbedeutend der Mensch. Das ist auch das Thema der Erzählung „Das offene Boot" des amerikanischen Schriftstellers Stephen Crane (1871–1900), in der vier Seeleute in einem Rettungsboot einer Katastrophe entkommen. Die Beziehung der Männer spielt eine genauso bedeutende Rolle wie die großen Fragen des Lebens, die in Extremsituationen wie durch ein Brennglas betrachtet werden. *zdb*

Martin Kippenberger

Ohne Titel, aus der Serie „Das Floß der Medusa", 1996,

Öl auf Leinwand, 100 mal 120 Zentimeter, Nachlass des Künstlers, Galerie Gisela Capitain, Köln

Herman Melville

Auf hoher See

Sieh das Floß und seine Flagge der Not,
Ein dünner Fetzen bloß;
Niemand auf den Balken zu sehen ist,
Lebend oder tot.

Es schreit die Möwe, die darüber schwebt:
„Die Matrosen, wo sind sie hin?“
Doch die wandernde Woge mit gleichmüt'gem Sinn
Nur aufs neue darüber fegt.

Ins Deutsche übertragen von Ferdinand Schunk

Far Off-Shore

Look, the raft, a signal flying,
Thin – a shred;
None upon the lashed spars lying,
Quick or dead.

Cries the sea-fowl, hovering over,
'Crew, the crew?'
And the billow, reckless rover,
Sweeps anew!

Stephen Crane

Das offene Boot

Was vier Mann nach dem Untergang des Dampfers „Commodore“ erlebten

„Falls ich ertrinken muss – falls ich unbedingt ertrinken muss, warum in drei Teufels Namen durfte ich dem Ufer so nahe kommen?“

Im Lauf dieser trübseligen Nacht konnte einer leicht zur Überzeugung gelangen, die besagten drei Teufel hätten es tatsächlich darauf abgesehen, ihn zu ersäufen, ungeachtet der schreienden Ungerechtigkeit, die darin lag. Stellte es denn nicht eine schreiende Ungerechtigkeit dar, einen Menschen zu ersäufen, der sich dermaßen abgerackert hatte? Eine Schandtat, eine höchst widernatürliche Schandtat war das. Gewiss, es waren schon viele ertrunken, seit Galeeren mit bunten Segeln die Meere durchpflügten, aber dennoch …

Wenn es einem Menschen klar wird, dass die Natur ihn nicht als wichtig erachtet und dass ihrer Meinung nach die Welt keinen bleibenden Schaden nähme, falls sie sich seiner entledigte, dann würde er am liebsten mit Steinen nach dem Tempel schmeißen, muss aber zu seinem Leidwesen feststellen, dass weder Steine noch Tempel zur Hand sind. Er kann der Natur höchstens Hohn und Spott entgegensetzen.

Da aber nichts Greifbares da ist, das er schmähen kann, empfindet der Mensch vielleicht das Bedürfnis, sich an eine Personifizierung zu wenden und sie kniefällig anzuflehen: „Aber ich hänge doch am Leben!“

Und die Antwort? Ein kalter Stern hoch oben am winterlichen Nachthimmel, das ist die ganze Antwort. Danach weiß er, wie es um ihn steht.

Die vier in dem kleinen Boot hatten dergleichen nie besprochen, doch hatte zweifellos jeder einzelne sich darüber Gedanken gemacht, ein jeder nach seiner Art. Aus ihren Mienen sprach nie etwas anderes als völlige Ermattung, und den Mund taten sie nur auf, wenn etwas zu besprechen war, das dem Boot galt.

In aller Welt und NIRGENDS ZU HAUSE

Adolf Hitlers mörderisches Naziregime erzwang die vieltausendfache Emigration von Deutschen. Oft gelang die Rettung vor Verfolgung nur noch durch Flucht über die Ozeane. Stefan Moses, der Nestor der deutschen Porträtfotografie, setzte die Rückkehrer ins Bild

Text: Peter Sandmeyer Fotos: Stefan Moses

Willy Brandt

APRIL 1933 – DIE NAZIS FESTIGTEN gerade ihre Macht und jagten politische Gegner – brachte ein Kutter den 19-jährigen Jungsozialisten Herbert Frahm von Travemünde auf die dänische Insel Lolland. So begann die Emigration des Mannes, der sich fortan Willy Brandt nannte.

Er lebte die meiste Zeit in Oslo, formal als Student der Geschichte, in Wahrheit als Verfasser von Zeitungsartikeln über Deutschland, als Referent der Norwegischen Arbeiterpartei. Er war Berichterstatter im Spanischen Bürgerkrieg und mehrere Monate in Hitlerdeutschland zu Treffen mit der illegalen Opposition. Nach der Besetzung Norwegens ließ er sich in norwegischer Uniform gefangen nehmen, wurde nicht als Deutscher erkannt und konnte bald nach Schweden entkommen.

Unmittelbar nach Kriegsende kehrte Brandt als Korrespondent für skandinavische Zeitungen nach Deutschland zurück. 1948 erhielt der von den Nazis Ausgebürgerte seine deutsche Staatsangehörigkeit zurück. 1949 begann er seine politische Karriere in Berlin.

Als Brandt 1961 Kanzlerkandidat der SPD wurde und 1965 zum zweiten Mal antrat, stellten seine politischen Gegner die Emigration als eine Art Austritt aus der Volksgemeinschaft in den Mittelpunkt einer Diffamierungskampagne.

Konrad Adenauer sprach wiederholt von „Brandt alias Frahm", der „Bayern-Kurier" druckte ein Bild von ihm als „norwegischer Major bis 1947", Ludwig Erhard strich heraus, dass er sich schon um die D-Mark gekümmert habe, „als Brandt seinen Fuß noch nicht auf deutschen Boden gesetzt hatte". Schleswig-Holsteins Ministerpräsident von Hassel charakterisierte das Verächtliche eines Emigranten folgendermaßen: „Ich verleugne nicht meine Volks- und Staatsangehörigkeit persönlicher oder sonstiger Vorteile wegen. Ich kann diese Schicksalsgemeinschaft nicht verlassen, wenn es mir persönlich gefährlich erscheint, und ihr wieder beitreten, wenn das Risiko vorüber ist." Bundestagsvizepräsident Jaeger entdeckte gar Parallelen zwischen Brandt und Hitler: „Wenn es ihn wie weiland Adolf Hitler, dessen Familienname eigentlich Schicklgruber war, danach gelüstet, unter einem fremden Namen in die Geschichte einzugehen, so ist dies das Geringste, was uns an seinem Vorhaben stören könnte." Und Franz Josef Strauß formulierte in einer Rede süffisant: „Eines wird man Herrn Brandt doch fragen dürfen: Was haben Sie zwölf Jahre draußen gemacht? Wir wissen, was wir drinnen gemacht haben."

Egon Bahr, Brandts Vertrauter und Weggefährte, schrieb dazu: „Es ist anzunehmen, dass die Diffamierungskampagne nicht betrieben wurde, um Brandt zu nützen. Wenn die Initiatoren dagegen geglaubt haben, diese Kampagne nütze ihnen, dann müssen sie der Meinung gewesen sein, es lohne, an bestimmte Instinkte zu appellieren. Die ganze Kampagne war ja nur sinnvoll, wenn man glaubte, eine große Zahl von Menschen lehne Emigranten ab, betrachte den Spanischen Bürgerkrieg als eine Sache, bei der die Legion Condor auf der richtigen Seite gekämpft hat, und den Hitlerkrieg als einen Krieg des deutschen Volkes." ➢

RAUS AUS HITLERLAND. ÜBER die Grenze, irgendeine. Irgendwohin, wo nicht Verschleppung ins Konzentrationslager drohte. Über Nacht waren sie nach der Machtergreifung der Nazis 1933 zu Verfolgten geworden und suchten ihr Heil in der Flucht. Die billigen Hotels in Prag, Paris und Amsterdam füllten sich mit deutschen Juden, Kommunisten, Sozialisten und Demokraten. Rund eine halbe Million Deutsche ging in die Emigration. Mancherorts bildeten sich regelrechte Exilantenkolonien wie im südfranzösischen Sanary-sur-Mer.

Doch die Nachbarländer Deutschlands boten nicht lange Schutz. Der Kriegsbeginn 1939 zwang zur Fortsetzung der Flucht. Aber jetzt musste nicht nur eine Grenze überwunden werden, sondern oft genug das Meer. Die Ostsee, um Skandinavien zu erreichen, die Nordsee, um nach England zu kommen, der Atlantik, um Zuflucht auf dem amerikanischen Kontinent zu finden, der Pazifik, um ins sichere Australien zu gelangen.

Die äußere Distanz zur verlorenen Heimat wuchs, aber nicht immer die innere. Neben dem materiellen Absturz litten viele Flüchtlinge unter ihrer Entwurzelung. Manche fühlten sich wie nach einer Amputation. Keiner hat das so eindringlich beschrieben wie Stefan Zweig, der über England, New York, Argentinien und Paraguay nach Brasilien emigriert und sich 1942 in Petrópolis (bei Rio de Janeiro) das Leben nahm: „Jede Art von Emigration verursacht an sich schon unvermeidlicherweise eine Art von Gleichgewichtsstörung. Man verliert – auch dies muss erlebt sein, um verstanden zu werden – von seiner geraden Haltung, wenn man nicht die eigene Erde unter sich hat, man wird unsicherer, gegen sich selbst misstrauischer. Und ich zögere nicht zu bekennen, dass seit dem Tage, da ich mit eigentlich fremden Papieren oder Pässen leben musste, ich mich nie mehr ganz als mit mir zusammengehörig empfand. Etwas von der natürlichen Identität mit meinem ursprünglichen und eigentlichen Ich blieb für immer zerstört. Ich bin zurückhaltender geworden, als meiner Natur eigentlich gemäß wäre, und habe – ich, der einstige Kosmopolit – heute unablässig das Gefühl, als müsste ich jetzt für jeden Atemzug Luft besonders danken, den ich einem fremden Volk wegtrinke. [...] Am Tage, da ich meinen Pass verlor, entdeckte ich mit 58 Jahren, dass man mit seiner Heimat mehr verliert als einen Fleck umgrenzter Erde."

Der Fotograf Stefan Moses, geboren 1928 im niederschlesischen Liegnitz, war das, was die Nazis einen „Mischling" nannten, Sohn eines jüdischen Vaters und einer „arischen" Mutter. Viele der jüdischen Verwandten des Vaters verließen 1933 das Land, aber da der schon 1932 bei einem Unfall ums Leben gekommen war, glaubte die Mutter, dass ihr und ihrem Sohn keine Gefahr drohte. Doch schon die Aufnahme an einem Gymnasium in Breslau gelang ihm nur unter großen Schwierigkeiten, 1943 wurde er gezwungen, es wieder zu verlassen. Für ein Jahr konnte er noch in einem Fotogeschäft unterschlüpfen, dann wurde er 1944 an die Ostfront kommandiert, um Panzergräben auszuheben. In den Wirren des Durchbruchs der Roten Armee gelang ihm die Flucht. Mit den Flüchtlingsströmen des Kriegsendes gelangte er nach Westen, arbeitete als Theaterfotograf in Weimar und erlebte später die amerikanische „re-education" und die Anfänge der Bundesrepublik in München, wo er bis heute lebt.

Die Emigranten sind eines seiner Lebensthemen. Über viele Jahre porträtierte er die Menschen, die im Exil gelebt hatten und zum Teil noch immer lebten, weil sie den Weg zurück nach Deutschland aus Angst, Misstrauen oder Abscheu nicht gehen wollten. Es war ein einverständiger, aber weitgehend stummer Dialog, den er mit den Menschen vor seiner Kamera führte. Erzählen kann und will er darüber nichts. „Emigranten sprechen nicht über ihr Schicksal. Sie schweigen."

Gottfried und Brigitte Bermann Fischer

BLEIBEN ODER GEHEN? 1936 ENTschloss er sich zum Gehen. „Wir waren vogelfrei, der Willkür der Straße ausgesetzt. Nacht für Nacht erwarteten wir selbst in unserem abgelegenen Zufluchtsort den Überfall der losgelassenen Horden, die brüllend durch die Straßen zogen."

Gottfried Bermann, geboren 1897, war eigentlich Arzt, hatte aber 1926 Brigitte, die schöne Tochter des jüdischen Verlegers Samuel Fischer, geheiratet und war nach dem Tod des Schwiegervaters 1934 zum Leiter von dessen Fischer-Verlag aufgestiegen. Um den Verlag vor kalter „Arisierung" zu bewahren, entschloss er sich zu einer Zweiteilung. Den einen Teil mit den unbelasteten Autoren ließ er unter Leitung von Peter Suhrkamp in Deutschland, mit dem anderen emigrierte er nach Wien. Nach dem Anschluss Österreichs an das Deutsche Reich 1938 ging die Flucht weiter nach Zürich und später nach Schweden. Als Bermann Fischer dort 1940 vorübergehend in „Schutzhaft" genommen wurde, emigrierte die Verlegerfamilie in die USA.

Nach Kriegsende wurde die Verlagsleitung wieder nach Europa verlegt, zuerst nach Stockholm, dann nach Amsterdam. Erst 1950 übersiedelten Verlag und Verleger nach Frankfurt am Main. Die Wiedervereinigung mit dem Suhrkamp-Verlag scheitert an Meinungsverschiedenheiten zwischen den Leitern der beiden Häuser. Deren Autoren konnten sich entscheiden, unter welchem Verlagsdach sie bleiben wollten.

Gottfried Bermann Fischer zog sich 1963 aus der aktiven Verlagsarbeit zurück, begann als Bildhauer zu arbeiten und übersiedelte mit seiner Frau in die Toskana. Dort starb sie 1991. Er folgte ihr vier Jahre später. ➢

Tilla Durieux

SIE WAREN IM BERLIN DER FRÜHEN Weimarer Republik ein Traumpaar und führten ein filmreifes Leben: Tilla Durieux, die 1880 geborene Professorentochter aus Wien, die in der deutschen Hauptstadt zum gefeierten Bühnenstar geworden war, und Paul Cassirer, der neun Jahre ältere Verleger und Galerist, der den Impressionismus durchgesetzt hatte. Max Reinhardt, Hugo von Hofmannsthal, Carl Sternheim, Max Liebermann und Rosa Luxemburg verkehrten in ihrem glanzvollen Berliner Salon, an dessen Wänden Gemälde von Manet, Renoir, Cézanne und van Gogh hingen. Doch die Ehe hatte nach 16 Jahren auch ein filmreifes Ende: Als Durieux die ewigen Affären und den Alkoholismus Cassirers nicht mehr ertrug und die Trennung verlangte, da ging er kurz vor der Unterschrift unter die Scheidungspapiere in den Nebenraum und schoss sich in die Brust. So wurde sie nicht zur Geschiedenen, sondern zur Witwe und erbte einen Teil seiner Kunstsammlung.

1930 heiratete sie dann den jüdischen Unternehmer Ludwig Katzenellenbogen, mit dem sie 1933 in die Schweiz floh und, als dort ihre Aufenthaltsgenehmigung ablief, über die Adria weiter nach Kroatien. Sie wollten in die USA, bekamen aber kein Visum. 1941 wurde Katzenellenbogen von der Gestapo verhaftet und ins KZ Sachsenhausen verschleppt. Er kam dort 1944 ums Leben. Tilla Durieux tauchte in Zagreb unter, nähte Kostüme für das Puppentheater und Socken für Titos kroatische Partisanen.

1952 kehrte sie nach Deutschland zurück. Bis zu ihrem Tod 1971 in Berlin spielte sie noch viele Rollen, hauptsächlich auf Berliner Bühnen und immer wieder stürmisch gefeiert.

Max Brod

WEM GEHÖRT MAX BROD? KEINE unwichtige Frage, denn keiner lernte Franz Kafka früher und besser kennen als er, keiner besaß mehr Material über ihn und von ihm.

Im Oktober 1902 begegneten sich die beiden jüdischen Jurastudenten zum ersten Mal bei einem Vortrag in der „Lese- und Redehalle der deutschen Studenten" in Prag, beide damals 18 Jahre alt. Seitdem verband sie reger Austausch und eine lebenslange Freundschaft, die dazu führte, dass Kafka den Freund, der ihn immer wieder gefördert und ermutigt hatte, zu seinem Nachlassverwalter einsetzte. Brod war neben seiner Laufbahn als Jurist selbst als Schriftsteller und Literaturkritiker tätig und der Erste, der Kafkas Begabung und die Bedeutung seines Werkes begriff. So setzte er sich nach dem Tod des Freundes, der 1924 mit 40 Jahren starb, über dessen Letzten Willen hinweg, seine literarischen Aufzeichnungen zu vernichten. Stattdessen begann er die Erzählungen, Romanfragmente und Tagebücher Kafkas zu edieren und zu veröffentlichen.

Brod, ursprünglich assimilierter Jude, wandelte sich in den Jahren vor dem Ersten Weltkrieg zu einem Anhänger des Zionismus. Als die deutsche Wehrmacht im März 1939 die Tschechoslowakei besetzte, verließ er Prag mit dem letzten Flüchtlingszug und wanderte nach Palästina aus. In Tel Aviv setzte er seine Arbeit als Autor, Herausgeber und Dramaturg am Nationaltheater fort.

Nach seinem Tod 1968 verwaltete den wertvollen Nachlass seine langjährige Sekretärin und Lebensgefährtin Ester Hoffe, die immer wieder Teile daraus, darunter Manuskripte Kafkas, verkaufte und versteigern ließ. Was vom Nachlass übrig war, wollten Ester Hoffes Töchter nach dem Tod der Mutter 2007 dem Deutschen Literaturarchiv Marbach verkaufen. Doch ein Gericht in Tel Aviv entschied 2012, dass der Nachlass von Max Brod der Nationalbibliothek in Jerusalem zuzusprechen sei. Das Urteil wurde angefochten. Wohin und wem Max Brod gehört, ist in letzter Instanz noch nicht entschieden. ➢

Oskar Maria Graf

ZEIT SEINES EXILS IN NEW YORK trug er auf allen Fotos eine Lederhose. Oskar Maria Graf, geboren 1894, war bekennender Bayer; das neunte Kind eines Bäckermeisters vom Starnberger See, das selbst Bäcker werden sollte, aber vor der harten Hand des älteren Bruders nach München floh. Dort schlug er sich durch als Bote, Liftboy und Gelegenheitsschreiber, er vagabundierte durch Italien, trat in Bohemekreisen auf, gab ein Gastspiel in der Lebensreformerkolonie des Monte Verità in Ascona, wurde als Soldat im Ersten Weltkrieg zum Befehlsverweigerer, Pazifisten und Empörer „gegen jeden Missbrauch der Schwächeren durch die Stärkeren". Er sei nie Parteisozialist gewesen, betonte er später, „mir ist – mit Gorki zu reden – ‚mein Sozialismus von Kind an auf den Rücken geprügelt worden'".

1919 sympathisierte er mit der revolutionären Bewegung in München, wurde verhaftet, kam – auch durch Fürsprache von Rainer Maria Rilke – wieder frei, arbeitete dann als Dramaturg am Arbeitertheater Die Neue Bühne und erlebte seinen Durchbruch als Autor 1927 mit dem autobiografischen Werk „Wir sind Gefangene".

Als seine Werke im Mai 1933 nicht der Bücherverbrennung der Nazis zum Opfer fielen, veröffentlichte er in der Wiener „Arbeiter-Zeitung" den Aufruf „Verbrennt mich!": „Nach meinem ganzen Leben und nach meinem ganzen Schreiben habe ich das Recht, zu verlangen, dass meine Bücher der reinen Flamme des Scheiterhaufens überantwortet werden und nicht in die blutigen Hände und die verdorbenen Hirne der braunen Mordbanden gelangen! Verbrennt die Werke des deutschen Geistes! Er selber wird unauslöschlich sein, wie eure Schmach!" Die Nazis äscherten daraufhin auch seine Bücher im Innenhof der Münchener Universität ein und bürgerten den Autor aus.

Graf war zu diesem Zeitpunkt in Wien und emigrierte von dort aus über Holland in die USA. Im New Yorker Exil bezog er 1938 mit seiner Partnerin Mirjam Sachs, die 1944 seine zweite Ehefrau wurde, ein kleines Apartment in der Hillside Avenue mit Blick auf den Hudson River und die Washington Heights. Noch im gleichen Jahr erfolgte unter seinem Vorsitz die Gründung der German-American Writers Association, deren Ehrenvorsitzender Thomas Mann war. Mindestens ebenso wichtig wurde der später ins Leben gerufene Emigrantenstammtisch in German Town auf der Ostseite Manhattans, für Jahrzehnte an jedem Mittwoch ein regelmäßiger Treffpunkt für deutschsprachige Exilanten. Dessen Motto lautete: „Wir sind für alle und alles."

Aus Angst vor dem Verlust der eigenen Sprache weigerte sich Oskar Maria Graf lange Zeit, Englisch zu lernen. Die Lederhose, die er häufig trug, wurde zum Symbol seines Beharrens auf deutscher Identität und bayerischen Wurzeln. Das Verhältnis zu seinem Gastland blieb angespannt. 1943 durchsuchte das FBI Grafs Wohnung nach kommunistischer Propaganda, fand aber kein belastendes Material. Dennoch kam die geplante Anstellung als Deutschdozent in Princeton nicht zustande.

Doch auch in Deutschland wurde Graf nicht wieder heimisch, als er nach 1958 dreimal nach Europa reiste und auch sein bayerisches Herkunftsland besuchte. Die Heimat blieb fremd. Er blieb in New York und starb dort 1967.

Im Literaturhaus München erinnert heute die Brasserie „OskarMaria" an den Schriftsteller.

Elisabeth Bergner

SIE GALT ALS FRAU, DIE IHR LEBEN spielend lebte und liebend spielte. 1897 in Galizien geboren, wusste die schöne Jüdin früh, dass sie eine Auserwählte war. Sie vertraute auf „Mein Talent. Meine Intelligenz. Meine Schönheit". Und sie war sich sicher: „Ausbleiben wird es auf keinen Fall, das Berühmtwerden."

Berühmt wurde sie zuerst in Zürich, dann auf den Bühnen in Wien und München. 1922 wechselte sie ins unruhige Berlin, wohin ihr Ruf ihr vorausgeeilt war. „Es wetterleuchtet von Zukunft um sie", hatte Alfred Polgar geschrieben. Jetzt lagen ihr die Theaterkritiker Alfred Kerr, Herbert Ihering und Siegfried Jacobsohn, sonst gerne zerstritten, gemeinsam zu Füßen, und auch Kurt Tucholsky gehörte zu ihren leidenschaftlichen Bewunderern.

Sie spielte große Shakespeare- und Strindberg-Rollen, wurde vom Publikum hymnisch gefeiert und von vielen Männern begehrt, eine Mischung aus Elfe, Engel und Frau, knabenhaft schmal, mit großen Augen, voller Weiblichkeit, Charme, Witz, Leichtigkeit und Eros. Regisseur Fritz Kortner, auch er ein Bewunderer, äußerte sich neidisch: „Ganz Berlin hat ein Verhältnis mit der Bergner."

Sie entschied sich für Paul Czinner, einen jungen Regisseur aus Wien, der sie 1924 auch zum Kinostar machte, sie 1933 heiratete und mit ihr nach London ging, wo sie ihre Karriere auf der Bühne und vor der Kamera bruchlos und vom Publikum ebenso geliebt wie in Deutschland fortsetzte. Ein Ausflug nach Hollywood blieb Episode.

Die Propagandamaschine der Nazis wollte auf einen solchen Publikumsmagneten nicht verzichten und übermittelte Elisabeth Bergner das Lockangebot für eine nachträgliche „Arisierung" und Rückkehr nach Berlin. Sie reagierte nicht. Im Exil wurde die Schauspielerin englische Staatsbürgerin, aber auch eine „passionierte Jüdin", die sie, „Gott weiß es, vorher nie gewesen war".

Ihren Wohnsitz in London behielt sie auch bei, als sie 1954 wieder auf deutsche Bühnen zurückkehrte und dann als 60-Jährige noch einmal die Triumphe der 30-Jährigen wiederholte, unter anderem mit einer Serie von 540 Vorstellungen von George Bernhard Shaws „Geliebter Lügner" im Berliner Renaissance-Theater.

Sie starb 1986 in London. ➢

Hilde Spiel

SIE WURDE 1911 IN WIEN GEBOREN, trat nach Hitlers Machtergreifung der Sozialistischen Partei in Österreich bei, ging nach deren Niederlage und dem scheinbar unaufhaltsamen Aufstieg der Nazis 1936 in die Emigration nach London, war 1946 als „war correspondent" des „New Statesman" wieder in der alten Heimat und später als Korrespondentin für die „Frankfurter Allgemeine Zeitung" wieder in England; sie hatte einen Wohnsitz in London und ab 1955 einen in St. Wolfgang, sie schrieb in deutscher und englischer Sprache, verfasste Romane, Novellen, Essays, Reiseberichte, Stücke für das Theater und war eine durch und durch moderne, bildungsgesättigte, gescheite, eloquente, emanzipierte und kämpferische Weltbürgerin mit vielen Lieb-, Freund- und Feindschaften.

Aber das Schicksal ihrer späten Jahre ist ein unfroher Spagat. Ein Bein in England, eines in Österreich, die eine Überzeugung die einer kritischen Antifaschistin, die andere eine pragmatische gegenüber ihrem privaten Umfeld: Alexander Lernet-Holenia gehört dazu, Schriftsteller und Zulieferer für den Propagandaapparat von Goebbels in Berlin. Ein Mann, der demonstrativ sein Verwundetenabzeichen von 1939 trägt, an dem das nachlässig entfernte alte Hakenkreuz immer noch gut zu erkennen ist. Auch Heimito von Doderer ist ein naher Freund, Verfasser eines Romans mit antisemitischen Zügen. „Wir schauen nicht unter den Teppich, wir klopfen den doppelten Boden nicht ab", bekannte Hilde Spiel.

„In Wien wird sie lächelnd geduldet, in England höflich ignoriert", schrieb Marcel Reich-Ranicki. Mit 79 Jahren starb die Gespaltene in ihrer Geburtsstadt Wien.

Hilde Domin

„WIR SETZTEN DEN FUSS IN DIE Luft / und sie trug" lautet das selbstgewählte Epitaph ihres Grabsteins auf dem Heidelberger Bergfriedhof. Die 1909 in Köln als Tochter eines wohlhabenden jüdischen Rechtsanwalts und seiner Frau geborene Hilde Löwenstein gehörte zu den Klarsichtigen. Sie hatte „Mein Kampf" gelesen, sah den Sieg der Nazis voraus und war sicher, dass Hitler genau das umsetzen würde, was er in seinem Buch geschrieben hatte. Deswegen entschloss sie sich 1932, mit dem ebenfalls jüdischen Archäologiestudenten Erwin Walter Palm nach Rom zu gehen, wo beide dann studierten, promovierten, heirateten und von dem Deutschunterricht lebten, den Hilde Palm italienischen Studenten gab.

Als Hitler Mussolini Südtirol überlassen hatte und danach als Gegenleistung auch in Italien die Repression gegen Juden zunahm, emigrierten die Palms 1939 in letzter Minute nach England. Schon im folgenden Jahr war Frankreich von deutschen Truppen besiegt und besetzt, England erwartete die Invasion, überall wurden Straßen- und Ortsschilder abmontiert, und Juden bekamen Veronal, um sich den Deutschen durch den Freitod entziehen zu können. Hilde Palm klapperte die Botschaften ab, um ein Visum zu ergattern. Bei der Vertretung der Dominikanischen Republik hatte sie Glück.

In Santo Domingo arbeitet Hilde Palm bis 1952 als Assistentin ihres Mannes. Dann stirbt ihre Mutter, mitten in einer schweren Ehekrise. Die 39-Jährige beginnt, als „Alternative zum Selbstmord", Gedichte zu verfassen. „Nach dem Tode meiner Mutter erlitt ich einen Schock und begann zu schreiben, ohne Wunsch zu veröffentlichen. Wenn der Mensch sehr bedrückt ist, kann ihm Lyrik helfen. Lyrik ist eine größere Entlastung als etwa Prosa. Lyrik kommt mit Blaulicht. Der Mensch kann sich durch das Schreiben von Gedichten befreien." Als Autorin nennt sie sich jetzt nach den Anfangssilben des Landes, in dem sie lebt, Hilde Domin.

1961 kehrt sie zurück nach Deutschland und lebt bis zu ihrem Tod 2006 in Heidelberg. Die Emigration bleibt ein beherrschendes Thema ihrer Werke, wie im Gedicht „Exil": „Der sterbende Mund / müht sich / um das richtig gesprochene Wort / einer fremden / Sprache." Das Exil betrachtet sie als „eine Grunderfahrung der Conditio humana. Wir alle sind auf dieser Erde nicht abgesichert. Das Erlebnis der Vertreibung aus dem Paradies und die dauernde Suche nach einem zweiten Paradies ist die allgemeine Conditio humana, von Adam und Eva bis zu uns." ➢

Fritz Bauer

DEUTSCHLAND, 1960. DAS KRIEGSende liegt 15 Jahre zurück, der Wiederaufbau ist vollbracht, die Wirtschaft boomt, die Erinnerung an die NS-Zeit wird erfolgreich verdrängt, alte Nazis sitzen wieder in hohen Positionen, in der Adenauerrepublik herrscht bleierne Ruhe. Auschwitz? Nie gehört. Nur ein Mann stört. Stiftet Unruhe. Lässt die Vergangenheit nicht einfach ruhen: Fritz Bauer. Ein Remigrant.

1903 in Stuttgart als Sohn jüdischer Eltern geboren, erfuhr er früh, was es bedeutete, in Deutschland Jude zu sein. Gleich in der ersten Schulklasse wurde er verprügelt und beschimpft, auch mit dem Satz: „Deine Familie hat Jesus umgebracht." Bauer studierte Jura, wurde der jüngste Amtsrichter des Deutschen Reiches und engagierte sich in der SPD. Die Nazis nahmen ihn 1933 fest, warfen ihn aus dem Staatsdienst und internierten ihn acht Monate in einem Konzentrationslager. 1936 emigrierte er nach Dänemark, 1943 floh er weiter nach Schweden. 1949 kehrte er zurück nach Deutschland und stieg 1956 zum hessischen Generalstaatsanwalt auf.

Durch seine Initiative wurde 1963 der erste Auschwitzprozess „gegen Mulka und andere" eröffnet, der 1965 mit einem 920 Seiten umfassenden Urteil gegen die SS-Schergen des Konzentrationslagers Auschwitz endete. Es beendete auch das kollektive Schweigen über die Naziverbrechen.

Wirklich heimisch wurde der von vielen Seiten angefeindete Jurist in Deutschland nicht wieder. Weil er die Seilschaften alter Nazis in der deutschen Justiz und Politik fürchtete, leitete er die Information über den argentinischen Aufenthaltsort von Adolf Eichmann, einem der Chefplaner des Holocaust, an den israelischen Geheimdienst Mossad weiter. „Wenn ich mein Dienstzimmer verlasse, betrete ich feindliches Ausland", sagte Bauer. Freunde erinnern sich auch an den Satz: „In der Justiz lebe ich wie im Exil."

Fritz Bauer starb 1968 in Frankfurt.

Sascha und Ludwig Marcuse

DAS GEMEINSAME GRAB AUF DEM Friedhof am Tegernsee trägt die Inschrift „together". Als seine Frau 1969 starb, war auch sein Leben zu Ende. Seit Mitte der 1920er waren sie zusammen, Erna Reich, die er Sascha nannte, und Ludwig Marcuse, der streitbare Publizist und Polemiker, der 1905 in Berlin als Sohn wohlhabender Juden geboren wurde und nach dem Studium der Philosophie und Geschichte ein quirlendes Leben als Schriftsteller und Kritiker führte. Gemeinsam emigrierten sie 1933, zunächst für sechs Jahre nach Sanary-sur-Mer in Südfrankreich, dann nach Los Angeles, wo er eine Professur übernahm. Gemeinsam kehrten sie 1962 zurück nach Deutschland, wo sich Marcuse mit polarisierenden Büchern und Artikeln schnell wieder einen Namen machte in den kulturellen und politischen Debatten der Zeit. Seine Frau blieb stets hinter ihm, unauffällig, aber präsent; und erst, als sie weg war, begriff er, dass ihm jetzt die wichtigste Stütze seines Lebens fehlte.

Ein einziges Buch hat er danach noch geschrieben, einen „Nachruf auf Ludwig Marcuse", den viele für sein bestes Buch halten: eine Ichinspektion in der dritten Person, „der prekäre Versuch der Entmythologisierung seiner selbst" und darin auch ein Nachruf auf seine Frau. Erst nach ihrem Tod hatte er von den Krankenschwestern erfahren, „dass sie im letzten Jahr glücklich überrascht war, weil ich Zeit für sie hatte".

„Sie war", schreibt Marcuse, „weder eine Sklavin noch emanzipiert. Mir wurde ihr letztes Glück zum Schmerz; ich denke daran, wie viel ich ihr verweigert hatte, weil ich ein verbissener Junggeselle geblieben war …"

Er überlebte sie um zwei Jahre. ➢

Erwin Piscator

IN DEN SCHÜTZENGRÄBEN DES Ersten Weltkriegs war der 1893 in Hessen geborene Sohn aus calvinistisch geprägtem Kaufmannshaus wach gerüttelt und zum militanten Pazifisten geformt worden. In den turbulenten 1920er- und 1930er-Jahren Berlins war er es, der dem Theater beibrachte, politisches Tribunal und Agitationsstätte zu sein. Klassiker wie Schillers „Räuber“ ebenso wie zeitgenössische Stücke wie Ernst Tollers „Hoppla, wir leben!“ wurden mit Simultanhandlungen auf mehreren Ebenen, Filmeinspielungen, Bildprojektionen und Ton- und Bühnenbildeffekten gnadenlos in politisch kommentierende Gegenwartsabbildungen verwandelt. Auch Theaterkritiker, die der stramm linken Tendenz der Aufführungen skeptisch gegenüberstanden, bescheinigten ihrem Regisseur „phänomenale technische Fantasie“.

Piscators Schrift „Das politische Theater“, seine Forderung, die Bühne müsse Mittel sein „in dem einsetzenden Prozess der geistigen Revolutionierung“, prägte eine ganze Bühnengeneration.

Die Machtergreifung Hitlers erlebte Piscator in der Sowjetunion bei Dreharbeiten für einen Kinofilm. 1935 wollte Propagandaminister Goebbels den genialen Theatermacher zurück nach Berlin locken, aber Piscator schlug das Angebot aus. Doch auch Stalins Sowjetunion war ihm unheimlich geworden. Über Frankreich emigrierte er kurz vor Beginn des Zweiten Weltkriegs in die USA, wo er in New York eine Schauspielschule gründete, aus der zahlreiche später berühmte Darsteller hervorgingen, darunter Harry Belafonte, Marlon Brando, Tony Curtis, Walter Matthau, Rod Steiger und der Dramatiker Tennessee Williams. Die Schule bot auch anderen deutschen Emigranten Lehr- und Arbeitsmöglichkeiten.

In der McCarthy-Ära wurde der „Dramatic Workshop“ als Tarnunternehmen kommunistischer *fellow traveler* denunziert, das FBI ermittelte gegen Piscator, und er wurde vor den McCarthy-Ausschuss geladen. Dem entzog er sich 1951 durch Rückkehr nach Deutschland.

Er arbeitete zunächst als Gastregisseur und übernahm 1962 den Neubau der Freien Volksbühne in Westberlin. Wieder machte er das Theater zur politischen Tribüne, auf der die großen, oft verdrängten Themen der Zeit verhandelt wurden. Rolf Hochhuths „Stellvertreter“, die Auseinandersetzung mit der Haltung des Papstes gegenüber dem Holocaust, und Peter Weiss' „Die Ermittlung“, ein Stück, das den Frankfurter Auschwitzprozess thematisiert, wurden hier uraufgeführt.

Während der Proben zu Hans Hellmut Kirsts „Aufstand der Offiziere“ 1966 erkrankte Piscator. Nach der Premiere fuhr er zur Erholung nach Starnberg. Dort musste er sich einer Notoperation unterziehen und starb.

Sebastian Haffner

ER WAR KEIN RASSISTISCH ODER politisch Verfolgter, sondern ein ganz normaler Deutscher, politisch indifferent, in Berlin-Moabit 1907 als Raimund Pretzel geboren, der Vater Schuldirektor, später Beamter im Preußischen Kultusministerium. Nicht ganz normal war, dass dieser Raimund Pretzel ein aufrechter Mensch war, der nach 1933 als junger Assessor am Preußischen Kammergericht erlebte, wie jüdische Juristen von SA-Trupps aus dem Haus gejagt wurden und ergraute Richter die Angst vor dem Verlust ihrer Pension über die Sorgfaltspflicht bei der Beurteilung politisch heikler Fälle stellten. Der junge Jurist war sich sicher, in seinem Beruf unter der Naziherrschaft kein aufrechtes Leben führen zu können.

Deswegen wich er anfangs in den Journalismus aus, schrieb harmlose Beiträge für Modeblätter oder für das Feuilleton. 1938 verschaffte er sich dann einen Auftrag der Ullstein-Presse für eine Recherche in England und fuhr nach London mit dem Ziel, so lange dort zu bleiben, wie Hitler in Berlin bleiben würde. Mit Hinweis auf seine gefährdete jüdische Verlobte beantragte er in England Asyl. Wahrscheinlich wäre der Antrag abgelehnt worden, doch der Kriegsausbruch 1939 kam ihm zu Hilfe. Und als er 1940 das Buch „Germany. Jekyll and Hyde" veröffentlichte, eine Studie über die deutsche Gesellschaft der NS-Zeit, da erkannten die Briten, dass sie in diesem Autor, der sich Sebastian Haffner nannte, nicht nur einen klugen Analysten, sondern auch einen Verbündeten hatten. Seine journalistischen Beiträge, die er ab 1942 für den „Observer" schrieb, beeindruckten sogar Premierminister Winston Churchill.

Nach Deutschland kehrte Haffner 1954 als britischer Staatsbürger und Korrespondent für den „Observer" zurück. Mit seinen nonkonformistischen Kommentaren zum Zeitgeschehen, die er von 1962 bis 1975 wöchentlich im „Stern" sowie im Radio und Fernsehen veröffentlichte, und mit Büchern wie den „Anmerkungen zu Hitler", „Preußen ohne Legende" und „Geschichte eines Deutschen" gehörte er zu den profiliertesten Meinungsbildnern der Bundesrepublik.

Haffner starb 1999 in Berlin. ➢

Golo Mann

NACH DEM STIMMENZUWACHS DER Nationalsozialisten bei der Reichstagswahl im September 1930 drängte es den im Vorjahr mit dem Nobelpreis ausgezeichneten Schriftsteller Thomas Mann, öffentlich Stellung zu beziehen. Am 17. Oktober rechnete er in seiner „Deutschen Ansprache" ab mit dem „Wunschbild einer primitiven, blutreinen, herzens- und verstandesschlichten, hackenzusammenschlagenden, blauäugig gehorsamen und strammen Biederkeit" und verhöhnte diese „Riesenwelle exzentrischer Barbarei und primitivmassendemokratischer Jahrmarktsrohheit (mit) Massenkrampf, Budengeläut, Halleluja und derwischmäßigem Wiederholen monotoner Schlagworte, bis alles Schaum vor dem Munde hat". Den Sieg der Nazis bei der Wahl am 5. März 1933 konnte er damit nicht verhindern.

Der Dichter war mit seiner Frau an diesem Tag auf einer Vortragsreise außerhalb Deutschlands. Er kehrte nicht mehr zurück.

Mit seiner Frau Katia und vier seiner sechs Kinder – Golo, Monika, Elisabeth und Michael – bezog er die Villa La Tranquille in dem südfranzösischen Fischer- und Badeort Sanary-sur-Mer; die beiden ältesten Kinder Erika und Klaus wohnten im Hotel „La Tour" am Hafen. Thomas Mann hatte zunächst mit einer Depression zu kämpfen, nannte Sanary-sur-Mer aber später die „glücklichste Etappe" seines Exils; denn für ein paar Jahre war das Städtchen am Mittelmeer die Hauptstadt der deutschen Literatur – so viele Exilanten folgten den Manns an die südfranzösische Küste. Da die Verhältnisse in Frankreich für Deutsche dann aber unsicher wurden, zogen die Manns nach Küsnacht in der Schweiz.

1936 wurde dem Schriftsteller sowie seiner Frau und den Kindern die deutsche Staatsangehörigkeit aberkannt. Er beantragte und bekam die tschechoslowakische Staatsbürgerschaft. Doch die weitere politische Entwicklung in Europa, vor allem der Anschluss Österreichs an das Deutsche Reich, bewog Thomas Mann, 1938 mit seiner Familie in die USA überzusiedeln. Reportern, die ihn nach seiner Ankunft in New York interviewten, sagte er den trotzigen Satz: „Where I am, there is Germany."

Die Einnahmen aus seinen Büchern und das großenteils in die Schweiz transferierte Preisgeld des Nobelpreises ermöglichten den Manns in den USA ein vergleichsweise sorgenfreies Leben. Sie ließen sich in Kalifornien nieder, nördlich von Los Angeles, zwischen Santa Monica und Malibu. Dort nahm Thomas Mann während des Krieges auch seine berühmten Rundfunkansprachen an deutsche Radiohörer auf Platten auf, die dann nach New York geflogen, weiter nach London gekabelt und dann von der BBC auf Langwelle nach Deutschland ausgestrahlt wurden.

Nach dem Krieg blieb Thomas Mann zunächst in den USA und begründete in einem offenen Brief seinen Entschluss „Warum ich nicht nach Deutschland zurückkehre" mit der „Kollektivschuld" der Deutschen. Doch der einsetzende Kalte Krieg und die beginnende McCarthy-Ära in den USA stimmten ihn um. 1951 wurde er im amerikanischen Kongress als „einer der weltweit bedeutendsten Verteidiger von Stalin und Genossen" bezeichnet und musste sich vor dem „Ausschuss für unamerikanische Umtriebe" verantworten. 1952 kehrten Thomas und Katia Mann mit ihrer Tochter Erika nach Europa zurück und ließen sich in Kilchberg am Westufer des Zürichsees nieder.

Zehn Jahre nach dem Tod Thomas Manns 1955 übernahm Sohn Golo Mann das Haus. Der Historiker hatte während des Krieges in der US-Armee gedient, zeigte sich aber nach Kriegsende angesichts der Zerstörungen in Deutschland entsetzt über „die Taten dieses Siegergesindels". Von 1947 bis 1958 hatte er als Assistenzprofessor für Geschichte in Kalifornien gearbeitet, war dann nach Deutschland zurückgekehrt und an verschiedenen Hochschulen als Professor tätig; 1965 legte er seine Lehrtätigkeit nieder, begann als freischaffender Historiker und Publizist zu arbeiten, ging in die Schweiz und damit direkt zurück in den Schatten des übermächtigen Vaters. „Das Arbeitszimmer des Vaters halb und halb noch erkennbar, von dem Sohn halb und halb übernommen", notierte ein enger Freund. ➢

Hans Habe

HANS HABE, 1911 IN BUDAPEST ALS JÁNOS Békessy geboren, bedeutete die Emigration nicht mehr als eine Karriereetappe unter vielen. Die Stationen seines Lebens waren so bunt wie die Farben der politischen Parteien zwischen den Weltkriegen; er war das Chamäleon, das sich allen anpasste.

Nach dem Abitur in Wien begann er als Journalist zu arbeiten und wurde schon mit 23 Jahren Chefredakteur des Wiener „Morgen". Mit 27 musste er Österreich wegen seiner jüdischen Abstammung verlassen, ging nach Frankreich und meldete sich freiwillig zur Armee. Er kämpfte im Krieg gegen die Deutschen, wurde gefangen genommen, konnte fliehen und sich über Portugal in die USA durchschlagen. Dort schrieb er Bestseller, arbeitete für Hollywood, trat erneut in die Armee ein, lernte psychologische Kriegsführung, nahm an der Landung der Alliierten in Sizilien teil und kehrte nach Kriegsende als Verantwortlicher für den Wiederaufbau der Presse in den amerikanisch besetzten Teil Deutschlands zurück. Er gründete 16 Zeitungen, wurde später selbst wieder Chefredakteur, schrieb weiter erfolgreiche Romane und Drehbücher und machte sich einen umstrittenen Namen als Kolumnist für die Blätter des Axel-Springer-Verlags. So wie früher den Faschismus bekämpfte er jetzt den Kommunismus und alle Linksintellektuellen in Deutschland. Für die Rechten war er der „Morgenthau-Boy", für die Linken „Springers Hofhund", für seine Freunde ein „Extremist der Mitte".

Er war auch ein Snob, Dandy und Bonvivant, verbrauchte in seinem Leben sechs Ehefrauen, besaß eine Villa in Locarno, eine Yacht auf dem Lago Maggiore und 280 Kaschmirpullover.

Er wurde verehrt, verachtet und gehasst, irrlichterte durch die Zeiten und politischen Lager und blieb nur einem Einzigen unverbrüchlich treu: sich selbst.

Der Parodist Robert Neumann, sein Nachbar in Locarno, verspottete ihn mit einem sarkastischen Zweizeiler: „Das Wasser stinkt, die Luft ist rein / Hans Habe muss ertrunken sein."

Habe starb 1977 in Locarno.

Ludwig Meidner

EINE LEBENSGESCHICHTE OHNE HAPPY End. Der Sohn jüdischer Kaufleute wird 1884 in Schlesien geboren, soll Maurer werden, bricht die Lehre ab und geht an die Breslauer Kunstakademie. 1905 reist er nach Berlin und gleich im folgenden Jahr für zwölf Monate nach Paris. Dort lernt er Amedeo Modigliani kennen, begegnet der Kunst von Picasso, dem Fauvismus und Kubismus. Zurück in Berlin, malt er, noch vor dem Ersten Weltkrieg und mitten im saturierten Wilhelminismus, expressionistische Katastrophenszenarien, apokalyptische Stadtlandschaften und eindringliche Porträts befreundeter Literaten. Keiner will seine Bilder kaufen, Existenznot ist Alltag. Mit zwei anderen Malern gründet er die Gruppe „Die Pathetiker", die schnell wieder zerfällt. Nach dem Ersten Weltkrieg, den er als Dolmetscher in einem Gefangenenlager überlebt, und dem kurzen Herbst der revolutionären Träume nach Kriegsende wendet er sich religiösen Themen zu und lebt jetzt auch selbst streng nach den Vorschriften des Talmud.

1933 erhält er im Nazideutschland als jüdischer und zudem „entarteter" Künstler Mal- und Ausstellungsverbot; er schlägt sich mit Zeichenunterricht an einer jüdischen Schule durch, schafft 1939 knapp vor Kriegsbeginn die Flucht nach England, wo er als Künstler nicht Fuß fassen kann, unter drückenden materiellen Umständen lebt und von 1940 bis 1941 als „feindlicher Ausländer" interniert wird.

1953 kehrt er resigniert zurück nach Deutschland – ohne seine Frau, die Malerin und Grafikerin Else Meidner, die es vorzieht, in London zu bleiben. Ludwig Meidner entwickelt seinen eigenen Stil eines malerischen Realismus weiter, bleibt aber kommerziell erfolglos. Er stirbt 1966 in Darmstadt.

Erst in den 1980er-Jahren werden seine Werke wiederentdeckt und erzielen auf dem Kunstmarkt hohe Preise. ➢

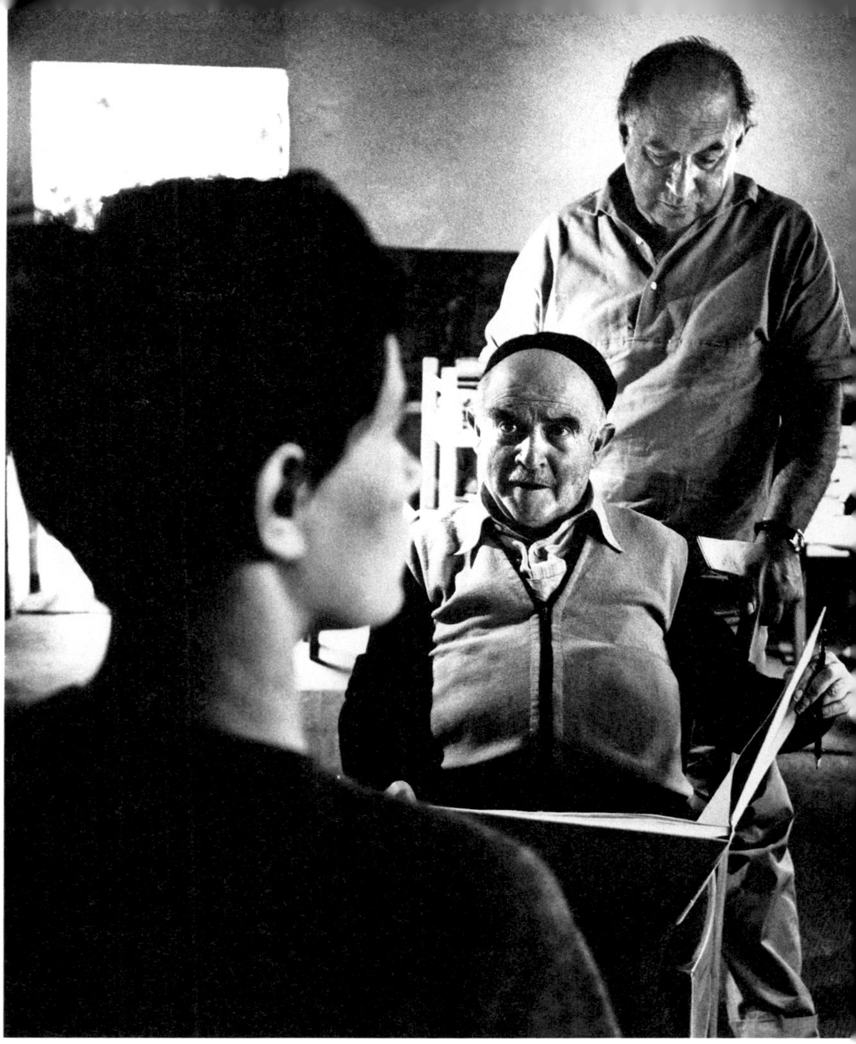

Friedelind Wagner

IM BAYREUTHER KINDERZIMMER HATTE sie mit ihren Geschwistern Wieland, Wolfgang und Verena oft Besuch von einem „Onkel" aus Berlin, den die Mutter zärtlich „Wolf" nannte. Der war ein großer Verehrer der Werke des Großvaters Richard Wagner, verpasste keine Inszenierung in dessen Festspielhaus, pflegte familiären Umgang mit Wagners Schwiegertochter Winifred, die die Festspiele nach dem Tod ihres Mannes Siegfried leitete, und lud die Wagner-Enkel immer wieder zu sich ein. Mal saßen sie in der Reichskanzlei beim gemeinsamen Abendessen, mal sahen sie sich gemeinsam die Aufmärsche der Nürnberger Parteitage an.

Der 1918 als zweites Kind von Siegfried Wagner geborenen Friedelind stand in Hitlers Reich eine glanzvolle Karriere bevor. Sie genoss eine gute Ausbildung, hatte Privilegien und war dazu bestimmt, mit ihren Geschwistern die Leitung der Bayreuther Festspiele zu übernehmen. Aber je mehr Reden von „Onkel Wolf" sie hörte und je genauer sie hinhörte, desto besser begriff sie, wohin der Weg dieses „Führers" führen würde. Bei Sprachkursen in Frankreich und England traf sie auf deutsche Emigranten, die ihre kritische Sicht auf die Nazis verstärkten. 1939 teilte sie ihrer Mutter aus Luzern mit, dass sie nach England emigrieren werde. Auch als Winifred sofort zu ihr fuhr und versuchte, sie heimzuholen ins Reich, blieb die Tochter unnachgiebig.

In England bezog sie jetzt auch öffentlich Stellung gegen die Nazis, was im Tagebuch von Propagandaminister Goebbels zu dem Eintrag führte: „Dieses dicke Biest betreibt da also kompletten Landesverrat. Ein Produkt schlechtester häuslicher Erziehung. Pfui Teufel!" Dennoch misstrauten die Engländer der früheren Hitlerfreundin und steckten sie monatelang in ein Internierungslager. Erst 1941 gelang es ihr, in die USA auszureisen, unterstützt von dem Dirigenten Arturo Toscanini, der dann allerdings glaubte, für seine Hilfe das Recht auf sexuelle Zudringlichkeit zu haben; ein weiterer Bruch in ihrem Leben.

In New York schlug sich die Wagner-Enkelin durch als Kellnerin, Verkäuferin und Sekretärin und mit Vorträgen über ihren Großvater. Trotz der Carepakete, die sie nach Kriegsende an ihre Familie in Deutschland schickte, galt sie dort als Verräterin. Die Brüder schalteten sie bei der Erbfolge für die Festspielleitung aus. In Bayreuth gab sie nach ihrer Rückkehr als amerikanische Staatsbürgerin 1953 nur noch ein kurzes Gastspiel. Sie ließ sich in der Schweiz nieder und verfügte, dass ihre Asche nach ihrem Tod bei Tribschen am Vierwaldstättersee verstreut werden solle, nahe dem ehemaligen Wohnort von Richard Wagner. Sie starb 1991.

Peter Sandmeyer, Jahrgang 1944, ist promovierter Kulturwissenschaftler und Autor in Hamburg.
Eine umfangreiche Darstellung von Stefan Moses' Emigrantenporträts und -biografien zeigt das Buch „Stefan Moses. Deutschlands Emigranten", das 2013 im Schweizer Verlag Nimbus erschienen ist.

Bitte nicht schiessen!

Kaum ein ziviles Schiff traute sich während des Zweiten Weltkriegs über den Atlantik. Nur Portugals stolze Kabeljauflotte fischte unbeirrt weiter. Als „Weiße Flotte" ging sie in die Geschichte ein

Von Tim Schröder

Kapitän Silvio war auf der Suche nach Kabeljau. Er wollte noch weiter nach Norden segeln, an Neufundland vorbei Richtung Grönland. Dort sollte es mehr Fisch geben. Die „Maria da Gloria" machte gute Fahrt. Im Wind legte sie sich ein wenig auf die Seite. Die Männer hatten es sich an Deck bequem gemacht. Einige flickten Segel. Die meisten säuberten ihre Handleinen.

Dann blitzte es. Ein gewaltiger Knall. Splitter flogen. Schreie. Was war hier los? Silvio blickte über die kabbelige See. Kein Schiff, kein Flugzeug. Wer um alles in der Welt beschoss ihn? Eine Granate traf den Klüverbaum. Die Segel fingen Feuer. Dann krachte der Fockmast herab. „Alle Mann von Bord!", schrie Silvio. Die Männer warfen die kleinen Holzboote ins Wasser, sprangen hinein. Silvio zögerte. An Bord lagen leblose Körper. Doch dann schlug die nächste Granate ein. Jetzt sprang auch Silvio in eine der Nussschalen.

„Rudert!", brüllte er. Kraftvoll zogen die Männer an den Riemen. Silvio blickte zurück zur „Maria da Gloria". Das Deck brannte. Noch einmal suchte er den Horizont ab. Jetzt sah er, wer ihn angegriffen hatte. Einige hundert Meter entfernt schob sich der graue Rücken eines U-Bootes aus dem Wasser. Dann detonierte die letzte Granate, mitten zwischen den kleinen Booten. Wieder flogen Splitter. Silvio spürte einen Schlag gegen das Bein, einen brennenden Schmerz und sackte zusammen.

Während die „Maria da Gloria" langsam versank, drehte „U-94" ab. Eigentlich hätte U-Boot-Kommandant Otto Ites das Schiff gar nicht angreifen dürfen, denn die „Maria da Gloria" kam aus Portugal, und Portugal war neutral. Die „Maria da Gloria" gehörte zur Flotte der Handleiner, schlanker Zwei- und Dreimastschoner, die in jedem Frühjahr von Portugal bis zu den Grand Banks vor Neufundland segelten. Mit langen, hakenbesetzten Handleinen fischten die Männer dort den Kabeljau. Seit fast 450 Jahren hatten die Portugiesen das so gemacht.

Und tatsächlich durften sie im Zweiten Weltkrieg weiter fischen, denn Portugals Diktator António de Oliveira Salazar hatte mit den Deutschen selbstbewusst verhandelt: Die Deutschen brauchten dringend Wolfram für die Rüstung. Wolframbeimischungen machen Stahl härter, und Portugal besaß mehrere Wolframminen. Salazar erteilte den Deutschen Bergbaulizenzen, verlangte aber Gegenleistungen – dazu gehörte die Freiheit für die Handleinerflotte. Während die deutschen U-Boote und Zerstörer im Atlantik Jagd auf Schiffe machten, durften die 45 Handleiner unbehelligt weitersegeln.

Damit sie für die deutschen Kriegsschiffe weithin sichtbar waren, ließen die Reeder sie weiß lackieren. Auf den Rumpf malte man die portugiesische Nationalflagge, den Namen des Schiffes und in großen Lettern „Portugal". Bis dahin waren die Schoner graue Mäuse auf dem Atlantik gewesen. Mit dem Weiß aber wandelten sie sich nun in aparte Schönheiten. Schnell machte ein neuer Name die Runde: „frota branca", „weiße Flotte". Nachts schalteten die Schonerkapitäne sämtliche Positionslaternen an. Hell wie Christbäume glitten die Segler der Weißen Flotte dahin, während sich die Kriegsschiffe und die Frachter der Alliierten als dunkle Schatten durch die Nacht stahlen.

Die Weiße Flotte war ein Kuriosum. Nicht nur, weil sie weitersegelte, während auf dem Atlantik der Seekrieg tobte. Sondern auch, weil sie in den 1940er-Jahren schon altertümlich wirkte. Seit den 1930er-Jahren waren auf dem Atlantik die ersten großen Trawler unterwegs, die den Kabeljau mit großen Netzen fingen. Die Portugiesen aber blieben bei ihrer Tradition, dem Handleinenfang: Jeder Fischer ging in einem kleinen Einmannboot, dem Dory, auf Kabeljaujagd. Die kleinen Dorys waren an Bord wie Holzschalen ineinandergestapelt. Früh am Morgen ließ man sie zu Wasser. Gut 50 Stück. Die Fischer ruderten ein paar Meilen hinaus, ließen ihre Handleinen in die Tiefe gleiten und warteten auf den Kabeljau. Zwölf Stunden blieben sie draußen, selbst wenn es regnete oder starker Wind wehte.

An jenem 5. Juni 1942, dem Tag, an dem die „Maria da Gloria" im Atlantik versinkt, frischt der Wind auf. Die Wellen rollen gefährlich heran. Kapitän Silvio und seine Männer machen die Boote aneinander fest. Doch im Sturm reißen sich einige los. „Wir haben die Männer nicht wiedergesehen", sagt Silvio später. Er selbst hat heftige Schmerzen. Einige seiner Leute sind ebenfalls verwundet. Manche sterben. Erst am neunten Tag sichtet ein Flugzeugpilot die halb verdursteten Männer in den Dorys. Er lässt Lebensmittel und Leuchtmunition abwerfen. Am Ende überleben nur Kapitän Silvio und sieben seiner Männer. Mehr als 40 sind tot.

Der Beschuss der „Maria da Gloria" schockiert die anderen Kapitäne der Weißen Flotte. Unter der Flagge Portugals zu segeln ist offenbar keine Überlebensgarantie mehr. Es gibt Gerüchte, die „Maria da Gloria" habe die Position des U-Bootes gesendet, um die anderen Schiffe der Weißen Flotte zu informieren. Ein tödlicher Fauxpas. Die Kapitäne tun sich zusammen. Den besten Schutz, so die Überlegung, bietet die Konvoifahrt, 45 Schiffe in einem Pulk. ➢

Die Weiße Flotte im Hafen von St. John's auf Neufundland in Kanada

Damit sie für die deutschen Kriegsschiffe weithin sichtbar waren, ließen die Reeder ihre Schoner weiß lackieren. Auf den Rumpf malte man die portugiesische Nationalflagge, den Namen des Schiffes und in großen Lettern „Portugal"

Doryfischer beim Kabeljaufang im Atlantik

Kabeljau war auch in jenen Kriegszeiten wichtig. Für die katholischen Portugiesen war er seit Jahrhunderten in der Fastenzeit und an Feiertagen die Proteinquelle schlechthin. Und für die Fischer bedeutete er ein sicheres Einkommen

Für die Kapitäne ist das eine Herausforderung, denn kleine und große Schoner segeln unterschiedlich schnell. Vor dem Krieg waren sie im März nach und nach in kleinen Gruppen von Portugal aufgebrochen; schnelle und langsame Segler getrennt voneinander. Während das erste Schiff schon die Neufundlandbänke erreichte, legten die letzten gerade in Ílhavo oder Porto ab. Nun müssen die Kapitäne die Atlantikquerung gemeinsam hinter sich bringen. Erst auf den Bänken löst sich der Tross auf, und jeder Kapitän folgt seinem Instinkt und segelt dorthin, wo er am meisten Kabeljau vermutet.

Kabeljau gilt auch in diesen Kriegszeiten als wichtig: Für die katholischen Portugiesen ist der gesalzene Kabeljau seit dem 16. Jahrhundert in der Fastenzeit und an Feiertagen die Proteinquelle schlechthin. An 150 Tagen im Jahr kommt Kabeljau auf den Tisch. Seit Jahrhunderten ist der Fisch von den Neufundlandbänken ein Grundnahrungsmittel und für mehrere Tausend Doryfischerfamilien eine sichere Einnahmequelle.

So verwundert es nicht, dass Salazar die Flotte trotz der Gefahren weiter fahren lässt. Tradition ist für ihn der Kitt, der die Nation zusammenhält. „Denn auf diese Weise, durch die Erhaltung der Tradition, bewahren wir uns den Frieden." Auf der internationalen Bühne bewahrt Salazar den Frieden mit einer Doppelstrategie. In Geheimverhandlungen überlässt er den Alliierten einen strategisch wichtigen Flugplatz auf den Azoren. Für Berlin ist er ein bedeutender Handelspartner.

Nach dem Untergang der „Maria da Gloria" fischen die Dorymänner der anderen Schoner, der „Argus", der „Creoula" oder der „Delães", weiter. Sie müssen die Laderäume mit mehreren hundert Tonnen Kabeljau füllen. Bis zum September haben sie dafür Zeit, bis die ersten Schneestürme über Neufundland und Labrador fegen und es zurück nach Hause geht. Täglich rudern sie hinaus. Wenn der Kabeljau nicht von allein beißt, jiggen sie: Sie rucken an der Leine, damit die Haken mit den blitzenden Blechködern über den Meeresboden hüpfen und der Kabeljau neugierig wird. Stundenlanges Jiggen in der Kälte. Die Männer tragen schwere Wollhosen, Wollsocken, Seestiefel, Öljacken und Ölhosen. Sie sind routiniert. Keine falsche Bewegung. Kabeljau für Kabeljau ziehen sie an Bord.

Das Fischen fühlt sich für die Männer wie immer an. Doch der Sommer 1942 ist nicht wie immer. Die Deutschen kämpfen verbissen. Im Dezember 1941 hat Deutschland den USA den Krieg erklärt. Jetzt schicken die USA große Geleitzüge über den Atlantik, Dutzende Tanker, Frachter mit Munition und Panzern für die Front in Europa. Die Geleitzüge fahren im Zickzackkurs von den Militärbasen auf Neufundland nach Osten. In einer Nacht gerät die „Argus" mitten in einen riesigen Geleitzug. Hundert monströse Schatten steuern auf den Schoner zu. Die „Argus" kann gerade noch einem Öltanker ausweichen.

Auch andere Schoner kommen den Geleitzügen in die Quere. Um Flugzeugteile, Panzer und Waffen über den Atlantik zu schaffen, setzen die USA mehrere tausend Schiffe in Bewegung. Viele Schiffsoffiziere absolvieren nur einen Crashkurs in Navigation, bevor sie zu ihrer ersten Fahrt aufbrechen. Dass ihnen Mitte des 20. Jahrhunderts auf den Grand Banks eine Flotte von Segelschiffen begegnen könnte, hat ihnen niemand gesagt.

Die Schonerkapitäne geben nicht auf. Der Kabeljau, der *bacalhau*, ist zu wichtig. Tag für Tag stopfen die Fischer Doryladungen in die Stauräume. Die Schiffsjungen schippen Salz über den Fang. Wiegt sich der Schoner im Sturm, ruckelt sich der Kabeljau zurecht. „Den Fisch runterrollen", sagen die Dorymänner dazu. Ein Sturm ist gut, weil er noch mehr Platz für noch mehr Kabeljau schafft.

„Die Disziplin dieser Männer ist bewundernswert", sagt der kanadische Schifffahrtshistoriker Jean-Pierre Andrieux aus St. John's auf Neufundland. „Sie sind sogar bei Nebel zum Fischen hinausgefahren, manchmal fanden sie erst nach zwei Tagen zurück zum Schiff und blieben dennoch die Ruhe selbst." Manche ertranken allerdings, wenn ihre Dorys bei Sturm vollliefen. Man beerdigte sie in St. John's und anderen Küstenorten. Andrieux pflegt heute Kontakt zu deren Nachfahren.

Und er kennt viele Geschichten; die der „Delães" zum Beispiel. Der Schoner hatte sich auf die Heimreise von Grönland nach Porto gemacht, als am 11. September 1942 600 Kilometer vor Grönland „U-96" seinen Weg kreuzte. „U-96" hatte am Vortag bereits einen Geleitzug beschossen und zwei Tanker versenkt. Jetzt nahm sie die „Delães" ins Visier. Wie bei der „Maria da Gloria" reichten einige Salven aus dem Bordgeschütz. Die „Delães" fing Feuer und sank. Oberstleutnant zur See Hans-Jürgen Hellriegel drehte ab, ohne den Schiffbrüchigen zu helfen. Doch diesmal starb niemand: Kurze Zeit später erreichte der Schoner „Labrador" die Stelle und fischte die 54 Mann aus dem Wasser.

Warum „U-96" schoss, ist unklar. „Wie bei der ‚Maria da Gloria' gibt es keine sichere Antwort", sagt Andrieux. Manche Historiker vermuten, dass die „Delães" ein Asdic-Echolot an Bord hatte, mit dem man U-Boote orten konnte. Dieses Gerät erzeugt ein lautes Ping, das auch im U-Boot zu hören war. In diesem Fall wäre es kein Wunder gewesen, dass „U-96" sofort feuerte. Vielleicht war die „Delães" aber einfach nur im Weg.

Es lag nahe, neutrale Schiffe wie die portugiesischen Kabeljauschoner, die direkt vor Amerika kreuzten, mit Asdic-Technik oder sogar Spionagegerätschaft auszustatten. Doch die Dorymänner waren eine enge Gemeinschaft, die Kapitäne väterliche Typen, die alles im Blick hatten und das Funken persönlich übernahmen. Kein Ort für Spione, sollte man meinen.

Eine Ausnahme war die „Gil Eannes". Der einzige Dampfer der Flotte diente als Hospital- und Postschiff. Schnell war sie zur Stelle, wenn sich auf den Grand Banks einer der 2000 Dorymänner verletzte. Sie war modern und anders als die Schoner mit einem separaten Funkraum ausgestattet. Alle paar Wochen fuhr sie zurück nach Portugal, um Vorräte und Post aus der Heimat zu holen. Kurz, die „Gil Eannes" war ideal, um Spione einzuschleusen.

Im Sommer 1942 fing der britische Geheimdienst MI5 einen verdächtigen Funkspruch ab. Jemand gab die Bewegungen der US-Flotte vor Neufundland durch. Wochenlang hörte der MI5 den Funk der Schoner ab. Schließlich war man sich sicher, dass der Spion an Bord der „Gil Eannes" war. Die Alliierten bereiteten gerade die Invasion in Marokko vor, die Operation „Torch", mit der sie die deutschen Truppen in Nordafrika zurückschlagen wollten. Regelmäßig sendeten sie Falschmeldungen, ließen die Deutschen in dem Glauben, dass eine Invasion in Europa bevorstünde. Es wäre fatal gewesen, wenn der Spion das wahre Ziel der Landungstruppen an die Deutschen verraten hätte.

Am 1. November 1942, nur wenige Tage vor der Invasion in Marokko, stürmten britische Soldaten die „Gil Eannes" und nahmen den Täter fest: Gastão de Freitas Ferraz, einen der beiden Funker. Details wurden erst 2009 bekannt, als die britischen Behörden die Akte „Freitas Ferraz" öffneten. Für die Medien war sie eine Sensation. „Freitas Ferraz, der Mann, der den Verlauf des Zweiten Weltkriegs hätte ändern können" oder „Der Spion auf dem Fischerboot" lauteten die Schlagzeilen. Inzwischen ist klar, das Freitas Ferraz nur einer von vielen war.

Die Weiße Flotte segelte noch 20 Jahre lang. Dann wurde der Kabeljau auf den Grand Banks knapp, weil die großen Trawler ihn einfach wegfischten. Manche Schoner wurden verschrottet. Anderen ließen die Reeder die Masten kappen. Mit Dieselmotor tuckerten die letzten in den 1970er-Jahren als einfache Trawler über den Atlantik. Nur drei Doryschoner gibt es heute noch. Die restaurierte schneeweiße „Santa Maria Manuela" zum Beispiel. Wer will, kann sie chartern. Und manchmal bricht sie sogar zu den Grand Banks auf, zu einem Freundschaftsbesuch in St. John's. Nur die Doryfischer fehlen.

Dass der Kabeljau aus dem hohen Norden bis heute portugiesisches Nationalgericht ist, findet Tim Schröder, Jahrgang 1970, freier Journalist in Oldenburg, erstaunlich. Schließlich haben die Portugiesen Meer und Fische direkt vor der Tür.

Strandurlaub macht sexy

Vom fernen, idealisierten Meer der Romantik über die emanzipatorische Lebensreform bis zum heutigen Urlaubs-Selfie – seit je gelten Ozeane und Strände als Projektionsfläche unserer Sehnsüchte

Von Larissa Kikol

Der Begriff des Erhabenen war um 1750 unter Londoner Intellektuellen umstritten. Die ästhetische Empfindsamkeit und die sinnliche Erfahrung von Naturphänomenen verstand man als Gegenposition zu der von Vertretern der Aufklärung angestrebten Rationalität und dem vernunftbasierten Menschenbild. Das Erhabene stand über dem bloßen Eindruck des Schönen; während man eine schöne Landschaft durch Attribute wie „zart", „hell" und „rein" beschrieb, sprach man einer erhabenen Natur kräftige, majestätische, düstere und endlose Farbstimmungen zu. Eine solche Natur erweckte Gefühle des Schreckens, der Überwältigung, des Schmerzes und der Ekstase.

In der Kulturbewegung der Romantik begriffen Dichter, Schriftsteller und Maler die Natur als Spiegel menschlicher Gefühle und Temperamente. Das Meer bot hierfür günstigere Projektionsmöglichkeiten als etwa eine erstarrte Berglandschaft. Seine sich stets bewegende, wandelbare und unerschöpfliche Dynamik erinnerte den Betrachter an emotionale Reaktionen und expressive Ausdrucksformen eines fühlenden Wesens. Dementsprechend schufen Maler der Romantik, wie William Turner, Meeresbilder mit peitschenden und aufbrausenden Turbulenzen, die sich durch eine wilde Pinselführung an der Grenze zur Abstraktion bewegten. Die bunte und kräftige Palette der apokalyptischen Wirbelstürme erstreckt sich von gelben und roten Tönen bis hin zu Rosa, Braun und Schwarz.

Der empfindsame Blick auf die Weite des Meeres rief in den Romantikern aber auch eine große Sehnsucht nach Ferne und einem besseren Leben hervor. Die Suche nach metaphysischen Erfahrungen, nach der Liebe und einem Ort, der die Synergie aller Sinne begünstigt, verknüpften sie eng mit der Meereslandschaft. Caspar David Friedrich schuf mit dem Werk „Kreidefelsen auf Rügen" zwar ein sanfteres Bild des Meeres, dennoch konstruierte er das Wasser aus mehreren Schichten bunter, an Regenbogen erinnernde Farben. Das Betrachten dieser dichten Meeresoberfläche sollte Hoffnung, aber auch Erschauern vor der Unendlichkeit vermitteln. Der romantische Naturrezipient wollte eins werden mit der Natur, das Meer galt als farbintensive und mächtige Gewalt, die den Menschen zum fühlenden Innehalten anregte.

Während eine Berglandschaft eine räumliche Orientierung, eine visuelle Strukturierung und topografische Marken bietet, eröffnet der Blick aufs Meer und den fernen Horizont einen weiten, unendlich erscheinenden Raum. Die geografische Verortung erscheint hier wesentlich schwieriger, die unscharfe, horizontale Linie teilt das Sichtbare und Unsichtbare in zwei Elemente und lässt sie in der Ferne miteinander verschmelzen. Der Meeresraum ist tastbar und bleibt gleichzeitig abstrakt – dies sind essenzielle Eigenschaften, die eine subjektive und vor allem auch künstlerische Projektion begünstigen. Was der Mensch vermisst, wird in diese Weite hineinprojiziert, auch das Göttliche.

Um 1900 entwarfen die Lebensreformer eine andere Vorstellung, die von einem vitalen anstatt erhabenen Wasser: Schlagwörter wie „Klarheit" und „Wahrhaftigkeit" wurden populär und schienen das mystisch aufgeladene, farbenreiche Meer reinwaschen zu wollen. Die Rezeption des Meeres war nun eher eine performative anstatt eine ästhetische: Der Mensch fühlte sich durch die Großstadt erkrankt und suchte nach Heilung im Seebad. Die Sensibilisierung für die Hygiene sowie die Körper- und Gesundheitspflege verlangten folglich nach klarem Wasser, es stand für das Praktische, das Unverfälschte und das natürlich Erlösende. Die Lebensreformer verspürten das Gefühl, ihre Würde durch die Industrialisierung und die Lebensbedingungen in der Polis verloren zu haben, so suchten sie eine neue Körper-, Kunst- und Naturschönheit, um ihrem körperlichen Verfall und dem Verlust ihres Naturells entgegenzuwirken.

Als Bedrohung galt die Erkrankung an Neurasthenie, eine Diagnose, die ein um die Jahrhundertwende populäres Nervenleiden umfasste. Ähnlich wie heute Burn-out wurde sie als epochales Krankheitsbild behandelt. Wasser- und Naturheilstätten erlebten einen Aufschwung. Dank neuer Verkehrswege konnten um die Jahrhundertwende breitere Bevölkerungsteile Ausflüge in die Natur unternehmen oder am Wochenende ans Meer fahren.

Warum eignete sich verstärkt das Meer für das besondere, haptische Körpererlebnis? Neben der Motivation, eine psychische und hygienische Katharsis zu erleben, birgt es weitere Vorteile gegenüber anderen natürlichen Orten, wie dem Himmel oder einer Berglandschaft. Im Gegensatz zum Himmel ist das Meer leichter erreichbar. Der Mensch gelangt zu dem befriedigenden Gefühl, es einnehmen zu können, sei es durchs Schwimmen, durch eine Schiffsfahrt oder einfach nur durch Hautkontakt mit einer Welle.

Das Meer wirkt daher greifbarer als der Himmel und das Universum. Auch mit Bergen oder einer Auenwiese kann sich der Mensch körperlich auseinandersetzen, nur ist ihre Materie fester und kann daher den Körper nicht wie Wasser umhüllen.

Die Befreiung von (Bade-)Bekleidung verstand sich daher auch als Protest gegen Konventionen, Traditionen und gesellschaftliche Zwänge. Die Zahl der Freikörperkulturbünde explodierte in den 1920ern. Strände wurden häufiger frequentiert,

Der Meeresraum ist tastbar und bleibt gleichzeitig abstrakt. Das sind essenzielle Eigenschaften, die eine subjektive und vor allem eine künstlerische Projektion begünstigen. Was der Mensch vermisst, wird in diese Weite hineinprojiziert, auch das Göttliche.

doch nicht nur im Strandurlaub sollte ein paradiesischer Urzustand wiedergefunden werden. Idealbilder fand man in der ursprünglichen Natur, bei Fischen im klaren Waldbach oder in gesundem Meerwasser beim Nacktbaden. Darüber hinaus träumten die Lebensreformer von Kolonien und Höfen zur Selbstversorgung, auf denen sie (auch) nackt leben konnten. Das Meer und sein Wasser barg nun nicht mehr nur das, was der Mensch misste, sondern vor allem das, was er brauchte und zurückverlangte.

Am Ende des 20. und Anfang des 21. Jahrhunderts prägen die omnipräsenten Abbildungen von Meereslandschaften die populären Medien. Sie werden in der Werbung großflächig für die Vermarktung einer breiten Produktpalette eingesetzt, wie zum Beispiel für Biermarken, Banken, Mittel gegen Fußpilz, Smartphones, Vaseline und Potenzmittel, aber auch für Coachingseminare und Selbstfindungsworkshops. Es scheint, als ließe sich jede Art Produkt durch eine Strandszenerie psychologisch aufwerten. Vor allem Privatsender nutzen diesen Publikumsmagneten. Casting-, Reality- und Kuppelshows inszenieren sie gerne an exotischen Stränden. Das Image der Strand- und Meeresszenografie, das die Massenmedien bedienen, entspricht dem populären und kollektiven Image eben dieser Erlebniswelt, das sich durch den boomenden Massentourismus seit der Nachkriegszeit etablierte.

Gemeint sind imagebildende Assoziationen an Alltagsflucht, Abenteuer, Erotik, Freiheit, Entspannung und Sicherheit. Der künstlerische Blick auf die Natur tritt nur noch marginal in Erscheinung, populärere Bezüge sind nun die der Freizeit, der Ökologie und des Extremsports. In Letzterem findet sich wiederum eine zeitgenössische Parallele zur romantischen Naturerhabenheit: Indem der Körper sich gegen Naturgewalten stellt und sie siegreich zu beherrschen vermag, kann er die Kraft der Natur auf seinen eigenen Körper projizieren und somit eine auf sich selbst bezogene Idee von Erhabenheit verspüren.

Parallelen finden sich auch zwischen der Meernutzung der Lebensreformer und der Strandtouristen unserer Tage. Statt Kurhäuser werden Wellnesstempel gebaut, neben der Sorge um die Gesundheit tritt die Sorge ums eingeschlafene Liebesleben. Reiseveranstalter sowie die Verlage der Ratgeberliteratur verbinden Meeresbilder mit Schlagwörtern wie „Träumen", „Work-Life-Balance" oder „Partnerschaft im Ruhestand". Das Meer scheint hier stets semitransparent blau oder glänzt in Türkis.

Das Meeres- und Strandbild ist hierbei zum Code transformiert: Ein Horizont teilt Blau- und Grüntöne auf, eine Palme oder ein weißer Strand konnotieren diese Farben – es geht heute weniger um das Bild, als darum, wofür es steht. Wenige Elemente reichen daher für die Botschaft aus. Oft ist es sogar unwichtig, wie scharf, groß oder klein das Bild dargestellt wird. Die Strand- und Meereslandschaft funktioniert wie ein Logo, das unterbewusst Assoziationen hervorruft.

Zu den jüngsten Phänomenen der Meeresabbildungen zählt das Selfie aus dem Strandurlaub. Wichtig ist hierbei das Festhalten, der Beweis des eigenen Antlitzes. Die Assoziationen, die hinter dem Markenimage des Meeres stecken, lassen sich so auf das eigene Selbst übertragen und werden im digitalen Profil als Selbstvermarktung, im Sinn einer bildlichen Auszeichnung für die eigene Lebensführung, angepriesen. Der Profilnutzer zeigt hierdurch, dass er zu reisen in der Lage ist, dass er Spaß hat, aufgeschlossen ist und viel erlebt. Der Urlauber am Meer hält mit dem Selfie eine verbesserte Version seiner selbst fest. Somit wertet das Markenimage einer Meereskulisse nicht nur Produkte und TV-Shows, sondern auch den einzelnen Menschen und sein Antlitz auf. Strandurlaub macht sexy!

Der entscheidende Vorteil des Meeres gegenüber anderen natürlichen Orten ist sein weites Erlebnisspektrum und die daraus resultierenden Möglichkeiten der Selbsterfahrung. Der Strandurlauber kann, sogar mehrmals täglich, verschiedene stereotypische Alter Egos ausprobieren: Dank des natürlichen und touristischen Angebots kann er sich als Extremsportler und Abenteurer fühlen, zugleich aber auch als Genießer, Romantiker, Liebhaber oder Partylöwe.

Auf unterschiedlichste Weise setzte der Mensch sein Selbst stets in Bezug zum Meer. Er projizierte Sehnsüchte, Wünsche oder eine Verbesserung seines Körpers und Images in es hinein. Ob in der Philosophie, den Künsten, in Kulturbewegungen oder im Marketing, das Meer war stets ein Bühnenraum für Welt-, Menschen- und Selbstbilder.

Larissa Kikol, geboren 1986, ist freie Dozentin der Kunstwissenschaft und der Medienphilosophie in Karlsruhe und Berlin. Ein Forschungsschwerpunkt der Doktorandin ist die Bilduntersuchung von künstlerischer und künstlicher Natur. Die Autorin wuchs auf dem Land auf, fernab vom Meer, aber immerhin mit einer Dauerkarte für das Wellenbad.

Aye, aye, Smutje!

Der Antrieb eines Schiffes mag im Maschinenraum bestimmt werden und der Kurs auf der Brücke. Aber in der Kombüse der „Vela“ bestimmt Michael Canag, wo es langgeht: backbord nach Europa, steuerbord auf die Philippinen, jedenfalls kulinarisch

Text: Roland Brockmann
Fotos: Jan Windszus

Am Heck der „Vela“ befindet sich eine Basketballfläche (vorige Doppelseite), wo Michael Canag seine Pause verbringt, wenn er nicht gerade kickboxt oder mit Kollegen plauscht (links). Drei warme Mahlzeiten, jeweils für Offiziere und Mannschaft, muss er an jedem Tag zubereiten (unten)

M

MANCHMAL ZIEHT SICH DER KOCH Boxhandschuhe an. Vor allem, wenn er sich einsam fühlt, in seiner Kabine auf dem D-Deck – zwischen den Holzimitatwänden mit ihren hübschen Kunstdrucken impressionistischer Maler, die ihm so unbekannt sind wie der Reederei wohl der Boxweltmeister im Weltergewicht, Manny Pacquiao, das Idol der Philippinen.

Michael F. Canag, Schiffskoch der „CMA CGM Vela", boxt Thaikick; in seiner Freizeit natürlich, und vor allem nur, wenn keiner zuschaut. Die Crew würde ihn für überheblich halten, wenn er, der Koch, vor ihren Augen als Boxer auftauchen würde. Und auffallen will er, darin echter Filipino, auf keinen Fall, schon gar nicht in der engen Gemeinschaft an Bord. So viel Eigensinn könnte ja die Harmonie auf See gefährden. Und gerade als Koch trägt der 35-Jährige Verantwortung für die Stimmung an Bord. Oder wie Kapitän Wilhelm Cubasch es ausdrückt: „Stimmt das Essen, stimmt auch die Atmosphäre. Und unser Koch macht seine Sache sehr gut."

Der hält jetzt gerade einen Bratenwender in der Hand, schmort Hühnerschenkel auf dem Elektroherd, während die „Vela" von Southampton ihrem Heimathafen entgegenzieht, wo neu gebunkert wird. Endlich. „Ich kann ja auf See nicht einfach schnell zum Supermarkt", erklärt der Koch. Okay, Skorbut brach unterwegs nicht aus. Doch frisches Obst und Gemüse sind knapp nach dem Zehn-Wochen-Törn von Hamburg über Rotterdam bis Hongkong und über Marokko wieder retour bis zum Burchardkai, wo sich das Schiff traditionell mit Proviant versorgt. Wo es deutsches Brot gibt, aber „keine dunkle Sojasauce", wie der Koch bedauert – „ganz wichtig für die philippinische Küche. Oder Trockenfisch: Gibt es in Europa nicht!" Überhaupt sei es schwieriger für die Mannschaftsmesse zu kochen, an Steuerbord, da, wo seine Landsleute essen – rund zwei Drittel der 24 Mann Besatzung stammen von den Philippinen.

„Für Filipinos muss alles nach Heimat schmecken. Selbst wenn der Fisch aus der Dose kommt", erklärt der Koch, während er die Lautstärke seines iPods herunterdreht, der aus Aktivboxen die Kombüse mit heimischen Schlagern erfüllt. „Ölsardinen zum Beispiel – ‚nimm die von zu Hause', sagen sie. Oder Corned Beef: ‚Unser Corned Beef schmeckt besser!'" Ungewohnte Gewürze wie etwa Rosmarin würden bei seinen Landsleuten gar nicht ankommen.

Längst fällt es Canag leichter, den Wünschen der Offiziere gerecht zu werden – die meist aus Deutschland stammen oder aus Polen oder der Ukraine. „Die mögen es auch mal italienisch, französisch und sogar Reis." Filipinos mit Offiziersrang dagegen bevorzugen die Mannschaftsmesse. Nicht nur wegen des Speiseplans, auch wegen der Sprache und dem Gemeinschaftsgefühl.

Der Koch selbst mag es international, er schätzt sogar Kassler mit Sauerkraut. Mit der Thaiküche dagegen hat es der Thaikickboxer nicht: „Viel zu scharf!" Canag hat einen feinen Gaumen. Dabei wollte er eigentlich Offizier werden, damals, als er noch im Decksdepartment arbeitete: als *Ordinary Seaman*. Aber dann stellte sich heraus, dass er etwas farbenblind ist. Ende der Laufbahn. Die Reederei riet ihm, in die Kombüse zu wechseln. Zunächst als Steward. „Was sollte ich tun? Auf den Philippinen gibt es keine guten Jobs."

Das war vor sieben Jahren. Kurz darauf machte er sein Examen als Koch. Zu Hause in Manila; auch in deutscher Küche. Viele Rezepte lernte er später bei einem früheren Kapitän, „der war begeisterter Hobbykoch". Doch Canags eigentlicher Guide durch die Kombüse bleibt „German Cooking" von Dr. Oetker, seine kulinarische Bibel.

Die liegt stets griffbereit unter dem Bullauge, durch das er leider nicht den Horizont sieht, sondern nur Container – ein gestapeltes Meer aus bunten Farben. Gleich daneben hat er jetzt sein Handy gelegt, wie eine Angel auf der Suche nach Empfang. Von Southampton aus nähert sich die „Vela" langsam der niederländischen Küste und damit dem Roamingpartner von Canags heimischem Provider.

Nachrichten von der Familie: das Wichtigste. E-Mails kann Canag zwar auch am Computer im Office des Schiffes austauschen – jedenfalls auf einem modernen Frachter wie der „Vela", sechs Jahre alt, eines der größten Containerschiffe unter deutscher Flagge. Aber die Stimme seiner Frau Rosemarie zu hören oder die seiner kleinen Tochter, das sei doch etwas ganz anderes. Oder, noch besser, sie via Webcam live zu erleben. Aber das klappt nur an Land. Morgen Abend, nachdem der Proviant verstaut ist. Im Seemannsheim „Duckdalben", gleich neben dem Burchardkai. „Da gibt es richtiges Internet."

Mit dem Begriff Hafen assoziiert Michael Canag statt Mythen wie St. Pauli oder Reeperbahn eher Skype oder Facebook. Dort hat er eine eigene Seite, auf die seine Frau am anderen Ende der Welt die neuesten Bilder stellt; zurzeit vor allem vom Hausbau. Denn wenn der Koch im Juni nach sechs langen Schiffsmonaten von Hongkong aus heimfliegen wird, will die Familie umziehen. Und erst gestern, in Southampton, hat er auf Facebook entdeckt, dass ihr Haus inzwischen ein Dach hat.

„Das Wichtigste im Leben eines Seemanns", sagt der Chefkoch, „ist die richtige Frau. Sie trifft die Entscheidungen daheim, während man selbst gerade die Ozeane durchquert. Kann sie das Geld nicht zusammenhalten, zerfällt auch die Familie." Und wurde er nicht in erster Linie ihretwegen Seemann – um für ihr Auskommen zu sorgen? Dies um den Preis, die Liebsten daheim selbst nur in Zeitsprüngen zu erleben. „Auf meinem letzten Trip habe ich in New York Schuhe für meine Tochter gekauft", erzählt Canag. ➢

Michael ist Thaikickboxer – in seiner Freizeit und nur, wenn keiner guckt. Auffallen will er, typisch Filipino, nämlich auf keinen Fall

„Als ich dann zu Hause ankam, passten die nicht. Ich konnte es kaum glauben." – „Ja, weißt du denn nicht, dass deine Tochter wächst?", fragte Rosemarie.

Aber nicht immer stimmen Neuigkeiten froh: Die Krankheit naher Angehöriger etwa, das Gerücht vom Fremdgehen der Frau oder nur ein dummes Missverständnis drücken aufs Gemüt. In solchen Momenten also zieht Schiffskoch Michael seine Boxhandschuhe an. Um am nächsten Tag wieder mit dem Bratenwender in der Hand die Stimmung an Bord zu heben; über den Magen auch die Seele der Besatzung zu erreichen – wenigstens kulinarisch eine Brücke zur Heimat zu schlagen: mit Chicken Adobo an Steuerbord oder Lammrücken backbords bei den europäischen Offizieren. Oder umgekehrt die aktuelle Position zu betonen: „Ich muss ja auch entlang der Klimazonen kochen", erklärt Canag. „Sauerkraut passt doch nicht zu den Tropen! Viel zu schwer. Da braucht man etwas Leichtes. In Asien passt chinesisch. In der Karibik serviere ich auch karibische Gerichte."

In Zeiten moderner Tiefkühlkost geht auch auf einem Schiff zwar grundsätzlich fast alles, aber mit der Technik ist auch die Spontaneität vom Speisezettel verschwunden. Die Tage, als man unterwegs die Maschine stoppte, weil ein entgegenkommender Fischer mit einem Dorsch in der Hand auf seinem Boot wedelte, sind lange vorbei. Bis ein Schiff wie die „Vela", mit 347 Meter Länge und 45 Meter Breite, zum Halt kommt, ist der Kutter längst am Horizont verschwunden.

Solch einem Riesen kann nicht mal Seegang etwas anhaben. „Auf anderen Schiffen", erzählt Canag, „vor allem in der Biskaya, droht mir alles zu verrutschen, da muss ich die Töpfe auf dem Herd festlaschen. Suppe? Ganz schwierig!"

G

Gerade macht es „pling": Nachricht von seinem Bruder aus Manila. Der Koch legt das Gerät zurück, während die „Vela" das IJsselmeer passiert. Kurz vor elf Uhr. Keine gute Zeit zum Antworten – im Topf brutzelt das Huhn. Drei warme Mahlzeiten muss er jeden Tag auf den Tisch bringen – jeweils für Offiziere und Mannschaft. Zur Hand geht ihm dabei nur der Steward, der in der Offiziersmesse auch serviert – heute Mittag Risotto mit Schweinefleisch. Für die Mannschaft gibt es Selbstbedienung am Buffet.

Der Koch als Chef. Im eigenen kleinen Reich aus Küchenstahl – genau in der Mitte der Bordhierarchie, direkt dem Kapitän unterstellt. 1700 US-Dollar im Monat bei einer Sieben-Tage-Woche. Der Antrieb des Schiffes mag im Maschinenraum bestimmt werden, der Kurs auf der Brücke, die kulinarischen Gänge aber in der Kombüse: im heimlichen Herzen des Schiffes, das gleichzeitig auch als private Nachrichtenzentrale fungiert. Hier erfährt man die wichtigsten Neuigkeiten: Wann legen wir an? Und wann wieder ab?

Manche wollen beim Koch auch nur ihren Kummer abladen, denn Canag steht ja immer zur Verfügung, wie festgenagelt vorm Herd, während alle anderen kommen und gehen. Ein jeder folgt seinen Aufgaben – vor allem bestimmt durch die Wachen. Canag freut sich über Besucher. Bei ihm seien vertrauliche Informationen sicher aufgehoben: „Ich bin doch kein Bordradio!"

„Schön wär's", sagt Kapitän Cubasch. Denn zu viel Gerede stört den Frieden. Jedenfalls meistens. Es gibt auch Momente, in denen Cubasch gezielt die Kombüse als Gerüchteküche nutzt – Nachrichten lanciert, manchmal auch falsche, etwa dass im nächsten Hafen der Reeder an Bord kommt oder eine junge Passagierin: „Das bringt alle wieder auf Trab."

Mittagszeit. Canag mixt noch schnell einen Salat. Jetzt nur noch die Pantry putzen, oben in seiner Kabine wartet die Couch. *Breaktime* bis halb fünf. Dann geht's im Fahrstuhl wieder in die Kombüse. Auf zum letzten Gericht auf See.

Am nächsten Morgen macht die „Vela" Punkt acht Uhr fest. Canag steht da längst in seinem Reich. Omeletts, Spiegeleier. Kalt ist es in Hamburg. Der Caterer wartet bereits am Kai – und dahinter die Seemannsmission „Duckdalben". Doch bis zum Log-in auf Facebook muss der Koch sich noch gedulden. Seine Laune stimmt trotzdem. Heute bleiben die Boxhandschuhe im Schrank.

Roland Brockmann, Jahrgang 1961, lebt in Berlin als freier Journalist. Bei **mare** *von Anfang an mit dabei, war er an den ersten internationalen Reportagen des Magazins beteiligt. Inzwischen ist er auch mit Buchrezensionen im „Salon" vertreten.*

Jan Windszus, geboren 1976, arbeitet als freier Fotograf in Berlin. Er veröffentlicht Porträts und Reportagen in zahlreichen Magazinen und Publikationen.

mare gratuliert:
150 Jahre Seenotretter
SAR
DIE SEENOTRETTER
DGzRS
150 JAHRE
www.seenotretter.de
Thomas Steuer

Facekini... ist eine Maske, die Frauen in China tragen, wenn sie an den Strand gehen

Fotos: Peng Yangjun

Das Wort Facekini ist eine Ableitung von Bikini. Wie dieses minimalistische Kleidungsstück dient auch der Facekini der Verdeckung delikater Körperteile

In Qingdao sind Facekinis populär. Die Millionenstadt, die sich gern mit dem Beinamen „Neapel am Gelben Meer" schmückt, ist einer der wenigen großen Badeorte Chinas ➢

Viele Frauen genieren sich für ihre nicht optimal geformten Körper. Die Maske verschafft ihnen Anonymität und Individualität gleichermaßen

Am häufigsten werden Facekinis von Frauen getragen, die um den Alterungsprozess ihrer Haut besorgt sind und sich vor Sonnenstrahlen schützen wollen

Gebräunte Haut wird in China mit niederer körperlicher Arbeit in Verbindung gebracht und gilt als unattraktiv. Facekinis sind aber auch zu einem modischen Accessoire geworden, das die Frauen aus alten Badeanzügen oder Wäsche selbst schneidern

Der Fotograf Peng Yangjun, Jahrgang 1977, ist Teil des Künstlerduos Peng & Chen und Artdirektor von Chinas führendem Lifestylemagazin „The Outlook Magazine". Sein Buch „Box – Pass it on" wurde von Starfotograf Martin Parr zum „Besten Fotobuch des Jahres 2011" gewählt.

Welches Heft fehlt Ihnen noch?

Bestellen Sie einfach und schnell unter www.mare.de oder kontaktieren Sie uns per Telefon +49/(0)34206/65-135 oder per Fax +49/(0)34206/65-1739.

Mehr im **mare**shop

In unserem **mare**shop unter **www.mare.de** finden Sie nicht nur sämtliche **mare**-Hefte, -Bücher, -Kalender und -Bildbände, sondern auch passende Schuber, unsere beliebten Badetücher und viele weitere Produkte. Und wenn Sie vergriffene Hefte suchen oder Platz in Ihrem **mare**-Regal schaffen wollen, dann schalten Sie doch eine Gratisanzeige in unserem Hafenbasar (bei Fundstücken) und handeln dort mit gebrauchten Heften.

Zum Beispiel:
mare-Sammelbox
18 €/35,80 CHF

Alle Preise zuzüglich Versandkosten; in D pauschal 3,32 € (nach A 3,42 €, in die CH 6,50 CHF, weltweit 6,14 €). Die Versandkosten entfallen, wenn der Bestellwert den Betrag von 25 €/43 CHF überschreitet (gilt nur für D, A, CH). **mare**-Hefte sind, soweit nicht vergriffen, zum Preis von 7,50 €/14,80 CHF (ab No. 74: 8,50 €/16,50 CHF; ab No. 98: 9,50 €/16,50 CHF) erhältlich.

DIE MAORIBULETTE

Was dem Kieler seine Sprotte, sind dem Neuseeländer kleine, durchsichtige Fischlarven, die in der Pfanne kross gebraten werden: Whitebait. Die besten gibt es bei Tony und Moana Kerr am Waita River

Text: Roy Fabian Fotos: Lottie Hedley

ÄTZEND, DIESE SANDFLIEGEN! Immer wieder setzen die blutgierigen Biester zur Landung an, um sich in Gesicht, Armen oder Beinen zu verbeißen. Tony Kerr lässt sich davon nicht aus der Ruhe bringen. „Whitebait, das ist eigentlich gar kein richtiger Fisch", doziert er und wendet auf seiner Bratplatte in aller Ruhe drei untertassengroße Omeletts.

Hinter Tony tritt der Waita River aus dem Regenwald und ergießt sich in einer großen Schlaufe in die Tasmanische See. Der nächste Supermarkt ist 160 Kilometer entfernt, im ganzen Bezirk leben auf jedem Quadratkilometer im Schnitt gerade 0,75 Einwohner. Niemandsland.

Wer an dieses Fleckchen Erde kommt, ist daher meist hungrig. Umso schöner, dass es hier Whitebait gibt. „Erzähle einem Neuseeländer, dass du die West Coast besuchst, und er wird dir sagen, dass du den unbedingt probieren musst", sagt Tonys Frau Moana. „Denn das ist es, wofür wir hier berühmt sind."

Whitebait, so steht es auf den kleinen Infotafeln neben Tonys Bratplatte, ist der Oberbegriff für die Larven von forellenähnlichen Süßwasserfischen aus der Familie der Galaxien. Im Frühling kommen sie, kaum länger als ein Streichholz und nahezu transparent wie Glas, millionenfach aus ihren Winterquartieren im Meer und wandern die Flüsse Neuseelands hinauf in die Marschen und Waldbäche, um dort erwachsen zu werden.

Einige davon schaffen es nicht. Moana zum Beispiel ist ganz verrückt nach den kleinen Dingern. „Kurz angebraten, ein wenig gewürzt und auf einem Salat serviert – mmh, einfach großartig." Über vier Generationen hat es die Kerrs deswegen immer wieder an den Waita River gezogen, Ende August, Anfang September. Dann, wenn der Whitebait kommt.

Tony und Moana sind die Ersten aus ihrer Familie, die daraus ein Geschäft gemacht haben. Das Ehepaar hat mit seinen beiden halbwüchsigen Söhnen vorher in der gut vier Autostunden entfernten Kleinstadt Hokitika gelebt. Als vor fünf Jahren dann am Waita eine Lizenz zum kommerziellen Whitebaiting frei wurde, ergriffen sie die Chance. Wegen des Lebens am Rand der Wildnis, wie sie sagen, zudem wohnt Tonys pensionierter Vater gleich um die Ecke.

Unter dem Namen „Curly Tree", benannt nach einer knorrig verwachsenen Konifere an dem nahen Highway 6, servieren die Kerrs nun täglich „Whitebait Patties", jene Omeletts von der Bratplatte, klassisch auf einer Scheibe Toast. Daneben unterhalten sie noch einen landesweiten Lieferservice für Restaurants und Fachgeschäfte und touren auf Festivals, denn, wie gesagt, für Whitebait ist die Westküste berühmt.

Schon die frühesten Maori schätzten die Larven. Mit Netzen aus Flachs stellten die Ureinwohner den Schwärmen nach und bauten Staustufen, um sie zu lenken. Später ersetzten europäische Pioniere den Flachs durch Baumwolle, und schon bald gerieten die Winzlinge zu einer wichtigen Nahrungsquelle für Kundschafter und Minenarbeiter. Neuseeland, könnte man sagen, wäre ohne Whitebait heute ein anderes Land.

Die Tradition ist bis in die Gegenwart quicklebendig. Im Frühjahr versammeln sich junge und alte Neuseeländer an den sonst so einsamen Flussmündungen, um sich ein Abendessen oder zwei zu fangen. Dank ihres nussigen, krabbenartigen Geschmacks gelten die Fischchen als eine der wenigen Vorzeigezutaten nationaler Cuisine, in manchen Jahren kostet das Kilo deutlich über umgerechnet 70 Euro.

Whitebaiting als Lebensunterhalt, so wie die Kerrs, betreiben dennoch nur wenige. „Ich glaube, viele scheuen das Risiko", sagt Moana. Der Wanderzyklus und Fangvorschriften geben ihr und Tony nur zehn Wochen am Stück, um einen Vorrat anzulegen, der sie durch den Rest des Jahres bringt. Ob eine Saison gut oder schlecht wird, ist kaum vorherzusagen, schon gar nicht an der niederschlagsreichen West Coast. Denn wenn es regnet, wird die Strömung der Flüsse so stark, dass der Whitebait nicht wandern kann.

Bislang ist jedoch alles gut gegangen. „Wir fangen genug, um uns selbst zu versorgen, und kaufen von Freizeitfischern so viel dazu, dass wir unsere Bestellungen bedienen können." Ihren Umzug an den Waita River bereuen die Kerrs daher kein bisschen. „Wenn die Fische aus dem Netz in deinen Eimer rutschen, wirst du reich belohnt", sagt Moana. „Dann macht Whitebaiting süchtig."

Whitebait Patties

Zutaten (8 Patties für 4 Personen)
500 g Whitebait (alternativ: Glasaal, nur aus Zuchten!), 2 Eier, 30 g Butter, 1 große Zitrone, 8 Scheiben Toast.

Zubereitung
Die Eier aufschlagen und mit Whitebait verrühren. Salz und Pfeffer dazugeben. Butter in einer Pfanne zergehen lassen. Mit einem großen Löffel gleichmäßige Portionen von Whitebait in die Pfanne geben und von jeder Seite etwa zwei Minuten goldbraun braten. Patties mit einem Spritzer Zitrone würzen und auf einem Toast servieren.

Curly Tree
Waita River, State Highway 6, West Coast, Südinsel (zehn Kilometer nördlich des Ortes Haast; Ausschilderungen auf dem Highway folgen);
Telefon +64 3 750 00 97;
geöffnet täglich von 10 bis 17 Uhr;
www.curlytreewhitebait.com

Früher Vogel fängt den Fingerling. Am Morgen fährt Tony Kerr (oben) mit dem Boot zu der Stelle, wo er und seine Familie den Glasfischen (rechts) nachstellen

So wird's auch gemacht: Tony Kerr träufelt ein wenig Minzsauce über einen Whitebaitbratling

Foto Mitte: Curly Tree Whitebait Company

Die Superniere

Für den Menschen kann zu viel davon tödlich sein. Nicht aber für das australische Tammar-Wallaby. Wenn das Känguru Durst hat, hüpft es an den Strand und trinkt Meerwasser

Das Tammar-Wallaby ist die kleinste Känguruart und lebt verstreut im südwestlichen Australien

Text: Tim Schröder Illustration: Roger Hall

East Wallabi ist eine flache, karge Insel. Hier, 70 Kilometer vor der Westküste Australiens, ist es sechs Monate im Jahr heiß und trocken. Nur der Wind trägt ein wenig Feuchtigkeit mit sich, die sich morgens als Tau auf den Blättern der dürren Büsche sammelt. Es gibt lebenswertere Plätze als East Wallabi.

Die ersten Seefahrer, die im 17. Jahrhundert hierherkamen, staunten, denn East Wallabi Island, das drei Kilometer lange Nichts im Indischen Ozean, ist bewohnt. Dutzende Kängurus leben hier, die Tammar-Wallabys. Den Wallabys geht es gut auf Wallabi. Sie sind so groß wie Kaninchen. Ihnen genügen ein paar dürre Blätter als Tagesration. Und wenn sie Durst haben, hüpfen sie an den Strand und lecken Meerwasser auf. Besucher sind verblüfft, wenn sie die Wallabys zum ersten Mal trinken sehen.

Säugetiere, die Salzwasser trinken? Unmöglich, sollte man meinen. Menschen können sterben, wenn sie Salzwasser zu sich nehmen. Die Wallabys aber kommen mit dem Salz gut zurecht. Das haben australische Forscher schon in den 1960er-Jahren mit einem Experiment gezeigt, in dem sie den Wallabys 29 Tage lang Salzwasser zu trinken gaben. Die Tiere überlebten, verloren gegen Ende des Experiments allerdings an Gewicht.

„Die Leistung der Wallabys ist beachtlich", sagt Jörg Aschenbach, Direktor des Instituts für Veterinärphysiologie an der Freien Universität Berlin. „Aber einzigartig ist das nicht." Immerhin gebe es noch andere Tierarten, die Salzwasser trinken können. Das Geheimnis der Salzresistenz, sagt Aschenbach, liegt in der Niere. Sie regelt den Wasserhaushalt der Tiere so, dass der Körper weder austrocknet, noch mit Wasser übersättigt wird.

Die Niere ist perfekt darin, Wasser zurückzugewinnen. Das Blut eines Menschen durchfließt die Niere an einem Tag rund 300-mal. Dabei entstehen zunächst etwa 170 Liter dünnes Filtrat, der sogenannte Primärharn, mit dem Abfallstoffe aus dem Körper ausgewaschen werden. Der Primärharn wird auf seiner Reise durch die Nierenkanälchen, die Tubuli, stark aufkonzentriert. So muss der Mensch täglich nur etwa einen Liter hoch konzentrierten Harns ausscheiden.

Diese Wasserrückgewinnung in der Niere funktioniert nach dem Osmoseprinzip: Trennt man zwei Flüssigkeiten unterschiedlicher Salzkonzentration mit einer wasserdurchlässigen Membran, so fließt das salzärmere Wasser durch die Membran in die höher konzentrierte Flüssigkeit. Das Wasser hat also die Tendenz, hohe Konzentrationen auszudünnen. Das gilt nicht nur für Salz, sondern auch für andere im Wasser gelöste Substanzen wie etwa Zucker oder Harnstoff.

Um dem Primärharn in den Tubuli das Wasser wieder zu entziehen, lagert die Niere in dem Gewebe, das den Kanal umgibt, Harnstoff ein. Damit ist die Harnstoffkonzentration im Gewebe höher als die Salzkonzentration im Primärharn. Das Wasser strömt zurück ins Gewebe. Trinkt ein Säugetier Salzwasser, ist auch die Salzkonzentration im Harn höher. Das Tier muss entsprechend mehr Harnstoff im Gewebe einlagern, um dem salzigen Harn noch Wasser entziehen zu können.

Die Tammar-Wallabys können das. Bei ihnen ist der Tubuliabschnitt, in dem das Wasser zurückgewonnen wird, die sogenannte Henle'sche Schleife, besonders lang. Daher können sie im Gewebe sehr viel Harnstoff einlagern und sogar sehr salzigem Harn das Wasser entziehen. Der Mensch ist dazu, mit seiner kurzen Henle'schen Schleife, nicht in der Lage. Vielmehr entzieht der salzige Harn dem Gewebe Wasser. Der Mensch dörrt aus.

Wenn gerade kein anderes Nass zur Verfügung steht, trinken Wallabys gern Salzwasser. Ein paar kräftige Schlucke am Tag genügen ihnen. Auch auf dem australischen Festland gibt es Känguruarten, die Salzwasser trinken. Allerdings tun sie dies nur, um ihren Salzbedarf zu decken. So große Salzwassermengen wie Wallabys vertragen sie nicht.

Die Wallabys kommen gut mit dem Salz zurecht – dank ihrer langen Henle'schen Schleife

Doch auch Wallabys sind nicht wirklich fürs Salzwasser geschaffen. Wie das Experiment der Australier zeigte, nahmen die Wallabys nach drei bis vier Wochen Salzwasserdiät ab, weil die angeheizte Harnstoffproduktion sehr viel Energie verbraucht. Wenn sich die Gelegenheit ergibt, lecken Wallabys daher gerne Tau von den Blättern oder Regenwasser aus Pfützen. Auch Kamele und andere Bewohner trockener Regionen können dank langer Henle'scher Schleifen mit wenig Wasser auskommen. Salzwasser vertragen Kamele in der Regel aber nicht.

Besonders schlecht kommen Vögel mit Salzwasser zurecht. Sie können gar keinen osmotisch wirksamen Harnstoff bilden, sondern nur Harnsäure. Damit funktioniert die Wasserrückgewinnung in der Vogelniere noch schlechter als beim Menschen. Allerdings gibt es Ausnahmen: Möwen oder Röhrennasen, zu denen die Albatrosse gehören, vertragen Salzwasser. In ihrer Stirn sitzt eine kleine Entsalzungsanlage, die Orbitaldrüse. Sie besitzt spezielle Zellen, die eine hoch konzentrierte Salzlauge produzieren. Diese fließt über kleine Röhren aus dem Schnabel ab.

Auch Meeresschildkröten können dank ihrer Orbitaldrüse Salzwasser trinken. Meeressäuger wie Delfine und Wale hingegen nicht. Sie helfen sich auf andere Weise. Zum einen nehmen sie beim Fressen die Körperflüssigkeit ihrer Beutetiere auf. Zum anderen stellen sie Wasser durch Fettabbau her. Dabei reagiert das Körperfett mit Sauerstoff und bildet Kohlendioxid und Wasser. Ein Gramm Fett ergibt etwa 1,1 Gramm Wasser. Dieses Stoffwechselwasser erzeugen sie vor allem, wenn sie hungern und keine Flüssigkeit mit der Nahrung aufnehmen können. Eine besonders an das Salzwasser angepasste Niere haben Delfine und Wale aber nicht. Manche Robbenarten hingegen schon: Ähnlich wie Wallabys und Kamele haben sie lange Henle'sche Schleifen.

Für den Menschen aber sind schon wenige Schlucke fatal. Denn dadurch erhöht sich der Salzgehalt im Blut. Das wiederum löst in der Hirnanhangsdrüse die Produktion des Antidiuretischen Hormons aus, das Durst meldet. Selbst wenn der Körper des Menschen noch gar nicht ausgedörrt ist, beginnt schon nach ein paar Schlucken der Teufelskreis: Der Mensch spürt unerträglichen Durst, trinkt weiter – und stirbt.

Tim Schröder, geboren 1970, Wissenschaftsjournalist in Oldenburg, hat Salzwasser bislang nur versehentlich verschluckt – beim Bad im Meer. Ostseewasser findet er dabei erträglicher als Nordseewasser.

Alles auf Null

Wo die Erde beginnt und wo sie endet, darüber herrschte jahrhundertelang Uneinigkeit. Erst 1884 wurde Ordnung im Längengrad-Chaos geschaffen. Seitdem läuft der Nullmeridian durch Greenwich

Von Peter Sandmeyer

Der Mensch möchte Ordnung. Claudius Ptolemäus, ein Mann griechischer oder ägyptischer Herkunft, war ein Freund der Systematik. Er lebte im zweiten Jahrhundert in Alexandria, stieß in der weltberühmten Bibliothek seiner Stadt auf umfangreiche astronomische Beobachtungen und geografische Aufzeichnungen und suchte dafür ein Ordnungssystem.

Zunächst nahm er sich den Kosmos vor. In dessen Mitte verortete er die unbewegliche Erdkugel, um sie herum ließ er Mond, Merkur, Venus, Sonne, Mars, Jupiter und Saturn in unterschiedlichen Abständen und regelmäßigen Bahnen kreisen; und damit sie nicht vom Himmel herunterfielen, befestigte er sie an durchsichtigen Kristallschalen, die die Erde nach seiner Vorstellung umgeben wie die Schalen einer Zwiebel.

Als nächstes brachte er Ordnung in die Lage der rund 8000 Orte, über die sich in der Bibliothek von Alexandria Angaben fanden. Ptolemäus ersann ein Projektionsverfahren, um die Wölbung der Erdkugel auf Papier wiedergeben zu können, und überzog sie mit einem Netz von senkrecht zueinander verlaufenden Linien. In diesem Gitternetz ließ sich jetzt jedem Ort in der bekannten Welt ein Platz zuweisen. Diese Ordnung des Ptolemäus herrschte fast 1000 Jahre lang. Sein Atlas mit den geografischen Längen und Breiten war das Maß der Dinge.

Als Bezugs- und Nulllinie für die Breiten hatte der antike Geograf den Äquator gewählt, dessen Umfang er zwar um 10 000 Kilometer unterschätzte, von dem er aber wusste, dass der Erdumfang dort am größten ist – also eine natürliche Linie, die den Globus in Nord und Süd teilt. Für die Längengrade oder Meridiane gab es eine solche natürliche Referenzlinie nicht. Die Bestimmung des Nullmeridians war ein Akt reiner Willkür.

Ptolemäus legte den Längengrad, der die Welt in Ost und West scheidet, deswegen genau an die Grenze der bekannten Welt, die am westlichsten Kap der westlichsten Kanarischen Insel El Ferro (heute El Hierro) endete. Das brachte dem Eiland später den Namen Isla del Meridiano ein. Nebenbei hatte diese Bestimmung des Nullmeridians für den Geografen den Vorteil, dass er die Länge für seinen eigenen Wohn- und Arbeitsort Alexandria auf handliche 60,5 Grad festlegen konnte, was allerdings – in Bezug auf die durch El Ferro laufende Referenzlinie – ebenfalls ein Irrtum war.

Der Ferro-Meridian blieb auch in Kraft, als man rund 1000 Jahre später die Azoren entdeckte und feststellte, dass sogar westlich von ihnen die Welt noch weiterging. 1634 wurde die Nulllinie von El Ferro auf einem Kongress seefahrender Nationen noch einmal ausdrücklich bestätigt.

Bis ins 19. Jahrhundert blieb ihre Geltung unangefochten – zumindest auf dem Papier. In der Realität aber verlor sie mit dem Bau des Pariser Observatoriums 1666 an Bedeutung: Der durch die Pariser Sternwarte verlaufende Meridian wurde auf genau 20 Grad festgelegt und etablierte sich damit als heimlicher neuer Nullmeridian.

Im Zug der geografischen Entdeckungen des 17. Jahrhunderts errichtete man in vielen Ländern neue Observatorien, die Welt wurde neu vermessen. Und an vielen Orten entstanden damit auch neue Nullmeridiane. Auf französischen Schiffen berechnete man die geografische Länge nach dem Pariser Meridian, die Portugiesen navigierten nach einem Nullmeridian, der Lissabon durchschnitt, brasilianische Schiffe orientierten sich an dem Nullmeridian, der durch Rio de Janeiro lief, unter Zar Peter dem Großen zogen russische Kartografen die Nulllinie durch Sankt Petersburg.

Weitere Nullmeridiane führten durch Kopenhagen, Amsterdam, Ulm, Pisa und Rom. Und natürlich besaßen die Briten ihren eigenen Nullmeridian, der nach Messungen mit dem damals besten Teleskop der Welt wenige Meter neben der Königlichen Sternwarte von Greenwich verlief.

Jeder richtete sich nach einer anderen Referenzlinie, der Austausch von Positionsangaben war sinnlos

Es herrschte also Null-Grad-Chaos. Jeder bestimmte seinen Standort nach einer anderen Referenzlinie, der gegenseitige Austausch von Positionsangaben oder nautischen Tabellen war meist sinnlos.

Wäre die Britin Jane Squire erhört worden, dann wäre dieses Chaos durch einen demonstrativen Akt geografischer Neuorientierung, in dem sich auch ein religiöses Bekenntnis verbarg, beendet worden. Die vermögende Lady mit einem Hang zur Mathematik und zur Astronomie war die einzige Frau, die sich an dem Wettbewerb beteiligte, den das Londoner Parlament 1714 mit einem Preisgeld von

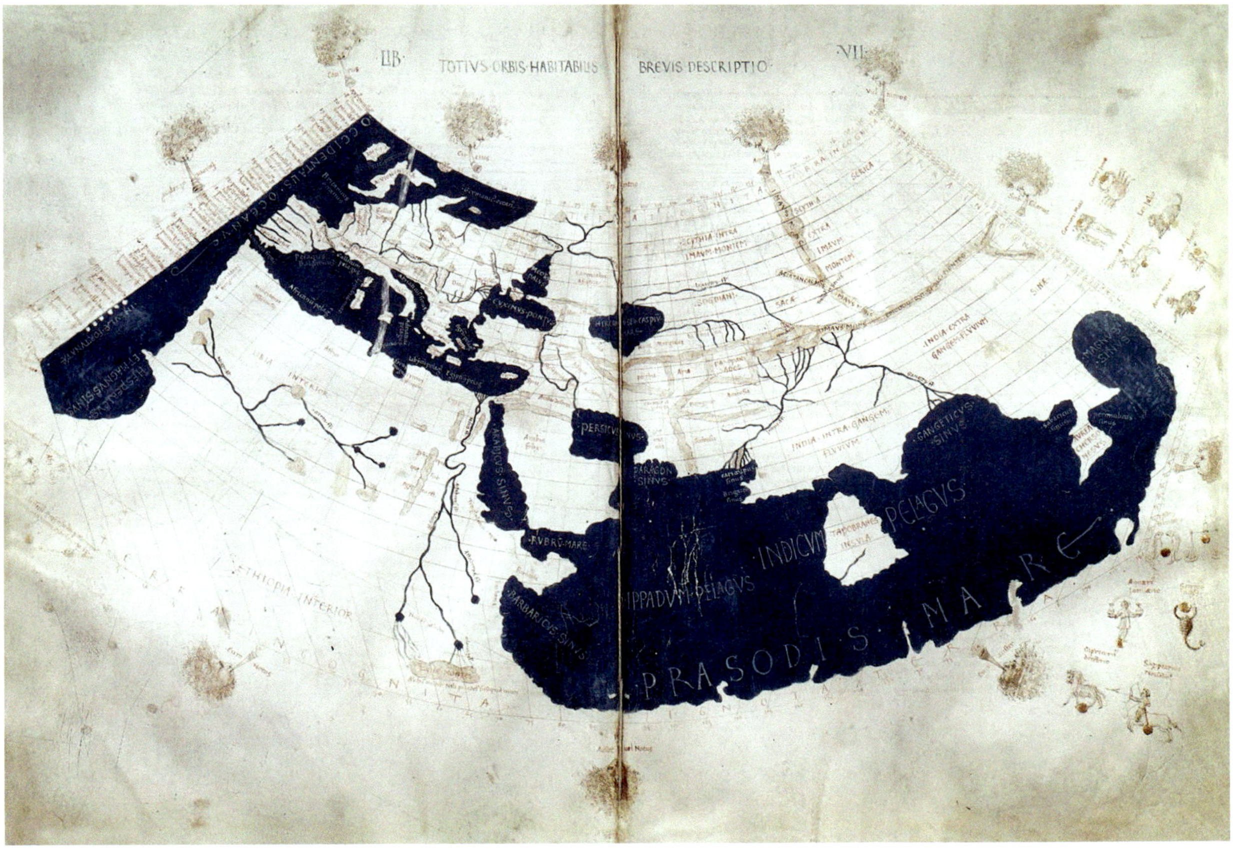

Der Atlas des antiken Geografen Claudius Ptolemäus war das erste umfassende Kartenwerk mit Koordinatenangaben

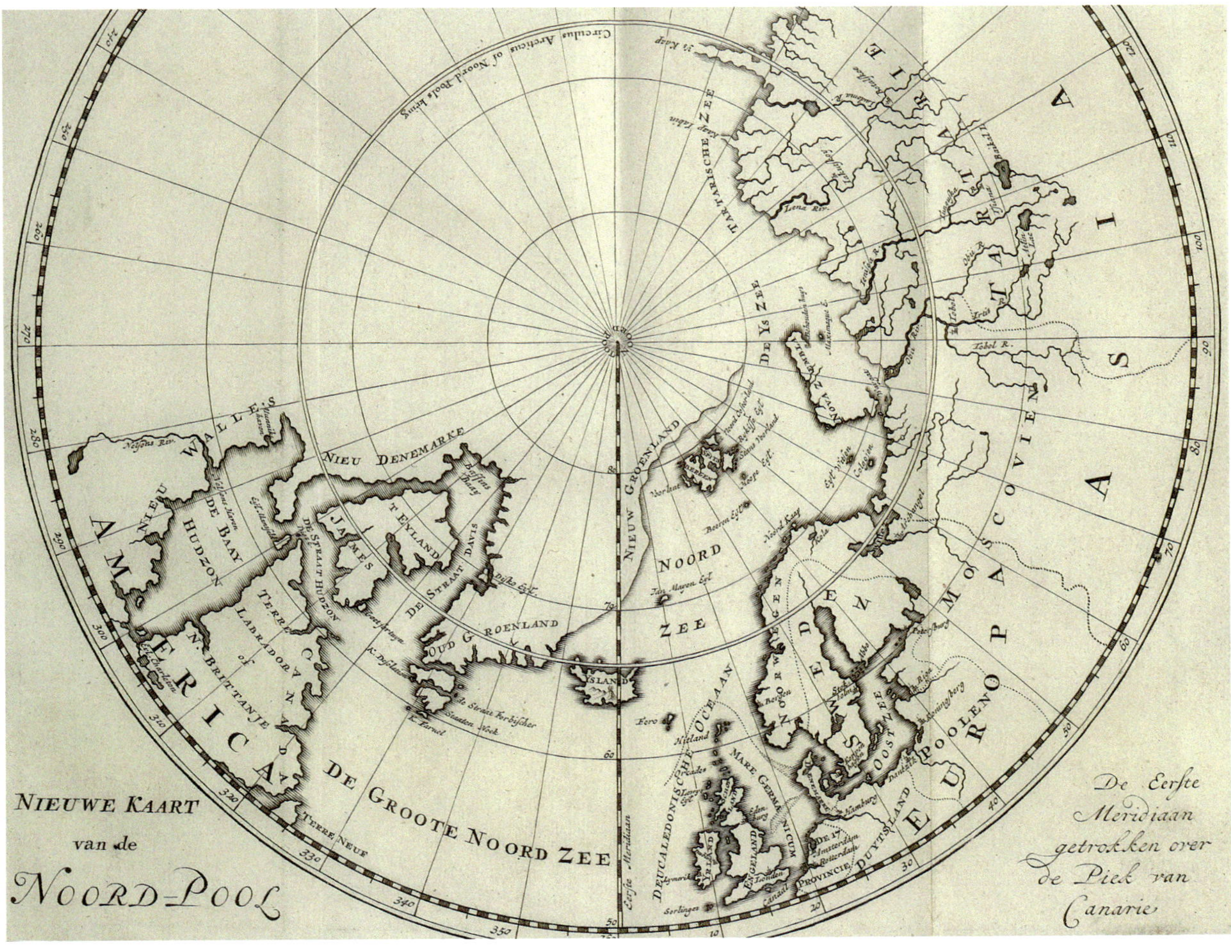

Holländische Karte von 1720 mit Ferro-Meridian – dieser war seit der Antike der am weitesten verbreitete Nullmeridian

The International Meridian Conference.
Washington, 1884.

Baron von ALVENSLEBEN, Minister of Germany. M. de J. GALVAN, Minister of San Domingo. A. LEFAIVRE, Consul-General of France.
Mr. HINCKELDEYN, Germany. J. VALERA, Minister of Spain. A. M. SOTELDO, Venezuela. Lt.-Gen. STRACHEY, Secretary, Great Britain. M. JANSSEN, Secretary, France. Admiral C. R. P. RODGERS, President. Dr. L. CRULS, Secretary, Brazil. G. H. de WECKHERLIN, Minister of Netherlands. Baron von SCHAEFFER, Minister of Austria.
Col. E. FREY, Minister of Switzerland. L. M. RUTHERFURD, United States. Comdr. FRANKLIN, Colombia. Sir F. J. O. EVANS, Great Britain. Prof. J. C. ADAMS, Great Britain. W. F. PEDDRICK, Reporter Secretary U. S. RUSTEM EFFENDI, Turkey. Count FORESTA, Italy.
J. KIKUCHI, Japan. L. FERNANDEZ, Mexico.
CLEVELAND ABBE, United States. J. de KOLOGRIVOFF, Russia. C. de STRUVE, Russian Minister. Maj. Gen. STEBNITZKI, Russia. Comdr. W. T. SAMPSON, United States. A. ANGUIANO, Mexico. A. A. ADEE, Ass't Sec'y State of U. S.
JUAN PASTORIN, Spain.
F. V. GORMAS, Chili. A. B. TUPPER, Chili. Count LEWENHAUPT, Minister of Sweden-Norway. M. A. BATRES, Minister of Salvador. M. M. ROCK, Guatemala. L. AHOLO, Hawaii. Capt. J. STEWART, Consul-General of Paraguay. F. R. MARCEAU, French Stenographer.
J. F. ECHEVERRIA, Costa Rica. W. D. ALEXANDER, Hawaii.

20 000 Pfund ausgeschrieben hatte. Erhalten sollte das Geld derjenige, der eine praktikable Methode erfand, den Längengrad auf hoher See zu bestimmen. Ohne diesen war, selbst mit bester Ausrüstung und trotz Kenntnis des Breitengrads, das Navigieren auf hoher See kaum mehr als ein Ratespiel – Versuch und Irrtum.

Jane Squire schlug vor, den gesamten Himmel, den man im Lauf eines Jahres sehen kann, in 1,25 Millionen nummerierte Planquadrate aufzuteilen und Navigatoren darin zu schulen, nach dieser Himmelskarte den Längengrad zu bestimmen – gerechnet von einem Nullmeridian aus, der genau durch die Krippe des Stalles in Bethlehem verlaufen sollte, in die Jesus nach seiner Geburt gebettet worden war. Die Lady fand kein Gehör, ihre Idee war weit davon entfernt, praktikabel zu sein. Doch man stelle sich vor, welchen Innovationsschub für Astronomen, Himmelskartografen und Seefahrtsschulen die Verwirklichung ihres Planes bedeutet hätte.

Erst ab Mitte des 18. Jahrhunderts gab es eine brauchbare Methode, den Längengrad auf See zu ermitteln: Dem Tischler und genialen Erfinder John Harrison (**mare** No. 28 und 103) aus Yorkshire war es 1759 nach jahrzehntelanger Kleinarbeit gelungen, eine Borduhr zu konstruieren, die transportabel war, eine hohe Ganggenauigkeit hatte und den Beanspruchungen auf See standhielt.

Dieser „Chronometer" revolutionierte die Seefahrt. Mit ihm konnten britische Schiffe die Londoner Zeit wie in einer Konserve mit auf die Reise nehmen und anhand des Unterschieds zur aktuellen Ortszeit die Differenz zwischen zwei geografischen Längen berechnen. Die Schiffsuhr wurde damit neben dem Kompass so etwas wie eine nautische Lebensversicherung. Als Charles Darwin 1831 mit der HMS „Beagle" zu seiner Weltumsegelung aufbrach, waren nicht weniger als 32 Chronometer an Bord.

Aber noch immer navigierte jeder nach seinem eigenen Nullmeridian. Und jedes Schiff, jede Stadt hatte eigene Zeiten. Bis weit ins 19. Jahrhundert hinein lebten die Menschen in Europa nur nach ihrer Ortszeit. Mit zunehmendem Handel und dem Ausbau des Fähr- und Eisenbahnverkehrs wuchs die Notwendigkeit, sich abzustimmen. Fahrpläne mussten angepasst werden. Dafür brauchte man eine Weltstandardzeit und klare Zeitzonen.

Das Chaos wurde 1871 auf dem International Geographic Congress in Antwerpen erstmals thematisiert. Schon da gab es den Vorschlag, die Nulllinie durch Green-

Linke Seite **Vertreter von 25 Nationen trafen sich im Oktober 1884 in Washington, um endgültig Ordnung in den Meridian- und Uhrzeitenwirrwarr zu bringen**

Rechts **In Greenwich lief der Nullmeridian mitten durch das Gebäude der Sternwarte. Seit der Neuordnung im Jahr 1984 liegt die Linie etwa 100 Meter weiter östlich**

Frankreich wollte den Pariser Nullmeridian behalten. Doch am Ende einigte man sich auf Greenwich

wich zum internationalen Standard zu machen. Doch es dauerte noch einmal 13 Jahre: 1884 trafen sich Vertreter von 25 Nationen in Washington, um endgültig Ordnung in den Meridian- und Zeitwirrwarr zu bringen. Noch einmal wurde gestritten, vor allem Frankreich wollte auf seinen Pariser Meridian nicht verzichten.

Doch am Ende legte sich die Konferenz darauf fest, dass der Nullmeridian durch das Fadenkreuz des Teleskops von Greenwich verlaufen sollte. Drei Viertel der Weltschifffahrt richtete sich bereits nach dieser Linie. Nur Santo Domingo stimmte dagegen, Frankreich und Brasilien enthielten sich trotzig der Stimme. Verbindlich wurde die neue Nullmarkierung auf der Weltkartenkonferenz von 1913.

Ebenso beschlossen wurde in Washington die Festlegung einer Weltstandardzeit, der Greenwich Mean Time (GMT): Wenn die Sonne über dem Nullmeridian von Greenwich ihren höchsten Stand erreicht hat, ist es 12 Uhr. Davon ausgehend, wurden nach Osten und Westen 24 Zeitzonen festgelegt – mit der angenehmen Folge, dass die Datumsgrenze dem Nullmeridian gegenüber auf 180 Grad verläuft, dort, wo überwiegend Pazifik ist. Man kann die Beschlüsse von Washington als Grundlage der Globalisierung betrachten.

Heute ist der Nullmeridian in Greenwich ein Magnet für Touristen. Die Linie ist durch einen matten Messingstreifen im Boden kenntlich gemacht, und zu den beliebten Fotomotiven der Besucher gehört es, mit einem Fuß im Westen, mit dem anderen im Osten zu stehen, oder vom Osten in den Westen und zurück zu springen. Was aber die wenigsten Besucher wissen: Ein genaues GPS-Gerät zeigt heute auf diesem Streifen nicht, wie man erwarten müsste, 0 Grad 0 Minuten 0 Sekunden an, sondern eine Abweichung von sechs Sekunden.

Der Grund: 1984 wurde das alte System vom World Geodetic System ersetzt – seitdem sind Längen- und Breitengrade nicht mehr an die tatsächliche Erdoberfläche gekoppelt. Die Kontinente bewegen sich unter dem Koordinatennetz, und der Nullmeridian verläuft rund 100 Meter östlich der Messingleiste von Greenwich. Die Erde hält sich nämlich nicht an die Ordnung, die der Mensch so gerne möchte.

Auf einer Englandreise wollte Peter Sandmeyer, Jahrgang 1944, Autor in Hamburg, einen Abstecher nach Tunstall machen, dem nördlichsten Punkt, an dem der Nullmeridian Land berührt. Doch er versah sich im Busfahrplan, es begann zu regnen, und die persönliche Begegnung mit dem Meridian fiel ins Wasser.

Ordentliches Dorf

mare No. 108, „Es war einmal in Biarritz"

In Ihrem Artikel heißt es: „In den 1930er-Jahren hatte unser Haus 2000 Luxussuiten. Heute sind es gerade noch 130." 2000 Luxussuiten? Wirklich? Das wäre die Bevölkerung eines ordentlichen Dorfes oder die Zimmerzahl des „Hyatt Regency" in Chicago bei 36 Etagen. Das „Hôtel du Palais" hat aktuell, wenn ich nicht irre, rund 150 Zimmer und Suiten. Der Rest kann ja schwerlich verschwunden sein.

Doris Klein, per E-Mail

Unsere Leserin Frau Klein hat mit jeder Silbe Recht. Hier ist uns eine Null zu viel in den Text der Reportage geraten. Statt 2000 Luxussuiten waren es einst natürlich nur 200 Suiten, wovon nach einer Renovierung noch 20 übrig geblieben sind. Dazu gibt es noch 132 (allerdings recht luxuriöse) Zimmer. Wir bitten unseren Fehler zu entschudigen. Die Red.

Den Bericht über Biarritz hätte ich ewig weiterlesen können. Vielen Dank für den tollen Text und die fantastischen Fotos.

Nikolai Klosse, Düsseldorf

Vom Besten

mare

Ihre Zeitschrift ist etwas vom Besten, was ich kenne. Ich bin erst auf diese Zeitschrift aufmerksam geworden, als ich die erste Reise als Passagier auf einem Containerschiff genießen durfte. Inzwischen war ich schon neunmal mit einem Containerschiff auf den Weltmeeren.

Paul Wenk, per E-Mail

Ganz spontan

mare-Bildband „Lissabon"

Wieder einmal – wie schon oft – habe ich heute Morgen den „Lissabon"-Band angesehen, und ich muss Ihnen einfach und ganz spontan sagen, dass dies wirklich ein ganz großartiger Fotoband ist. Einer der besten in Ihrer schönen alljährlichen Serie. Meinen aufrichtigen Glückwunsch. Vielleicht bringt Jan Windszus ja noch einmal ein Buch heraus.

Claas von Meyer, per E-Mail

Danke für das schöne, ehrliche Bild meiner Lieblingsstadt. Ich besitze diverse Bildbände von Lissabon, aber keiner trifft die Seele der Stadt – sowohl in Bildern als auch im Text – wie dieser.

Gregor Nidecken, per E-Mail

Das zweite Gesicht

Ulla-Lena Lundberg: „Eis", Roman, **mare**verlag

Was für ein wunderbarer Roman, nicht der erste aus Ihrem Haus, der mich beeindruckt. Das letzte Drittel, ich ahne schon, es wird nicht gut ausgehen – aber noch kann ich mich der Illusion hingeben, dass es für Petter, Mona und die aufgeweckte Sanna mit Lillus ein langes schönes Leben geben wird. Wer möchte nicht so einen Papa haben, der so liebevoll auf seine Töchter schaut? Doch Post-Anton hat den Leser ja schon gebrieft. Ich hatte übrigens einen Großonkel an der Ostsee, der Fischer war und auch das zweite Gesicht hatte – da kann man sich ja denken, wohin es gehen wird. Fazit: Ich küsse Frau Lundberg und ihr Buch, es hat mir mit ihrer Sprache unglaublich viel Freude gemacht, mich an meine Kindheit erinnert und zu Tränen gerührt. Bitte lassen Sie noch mehr von dieser wunderbaren „Pippi Langstrumpf" für Erwachsene übersetzen. Wunderbar!

Petrea Rücker, per E-Mail

Wir freuen uns über Ihre Briefe, müssen uns aber Kürzungen vorbehalten.
mare Leserbriefe,
Pickhuben 2,
20457 Hamburg,
mare@mare.de,
Fax +49/(0)40/369 859 99

Notizen einer Landratte, *31.*

In dieser Folge hat unser Kolumnist Maik Brandenburg die Nase voll von Meeresgerüchen, erfindet einen neuen altehrwürdigen Beruf und erläutert uns den Zusammenhang von Ambra und Salbei

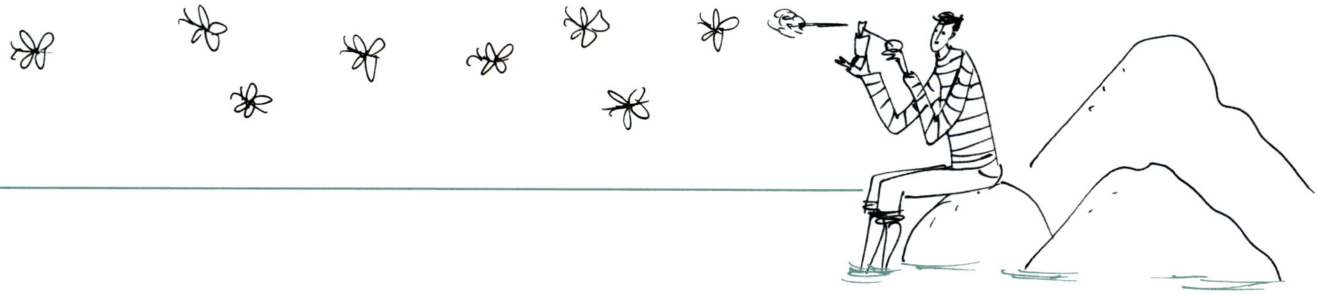

Illustration: Pascal Cloëtta

ES WERDEN JA IMMER MAL PARFÜMFLASCHEN IN gesunkenen Schiffen gefunden. Manche dieser Flaschen haben sogar in Wracks aus dem Mittelalter überdauert. Das ist dann sehr interessant, wenn solch ein Flakon geöffnet wird. Meist riecht es zuerst nach „faulen Eiern", also nach Schwefelwasserstoff, was aber nicht weiter überrascht. So was erwartet man vom Mittelalter, wo der Teufel noch kein Schauspieler war, sondern echt, sozusagen ein leibhaftiger Leibhaftiger. Wenn sich der Höllendunst aber verzogen hat, dann riecht auch das alte Parfüm nach Orangen, nach Myrrhe oder Sandelholz. Da es kein „Museum für antike Düfte" gibt, bin ich dafür, den Inhalt dieser Flaschen in die Meere zu kippen.

Denn die haben es nötig. Die Ozeane verkommen zu Müllhalden, wie die Ökoverbände warnen. Das sehe dann nicht nur hässlich aus, es stinke auch ganz gewaltig. Da hilft es nur geringfügig, wenn einem Frachter, wie vor einiger Zeit geschehen, Tanks voller Parfümmischungen leckschlagen und auslaufen. Ein Frachter ist zu wenig, man sollte schon systematisch und in großen Dimensionen verklappen. Duftöle statt Schweröle, es muss ja nicht immer „Cool Water" sein.

Auch wegen des marinen Muffs empfiehlt es sich also, unter Wasser die Luft anzuhalten. Oder wenigstens nur ab und zu durch die Nasen zu atmen. Auch eine Art Gasmaske hat sich bewährt, vor allem Taucher vertrauen schon lange darauf. Der Geruch von Hafenschlick, von Klärschlamm oder Dünnsäure ist so kaum noch wahrnehmbar. Derart ausgerüstet, dürften selbst gelegentliche Brisen von Senfgas, entwichen aus porösen Granaten des letzten Weltkriegs, einen Spaziergang in ufernahen Tiefen nicht verleiden.

Aber das gilt nur für die ganz schweren Fälle unterseeischer Geruchsbelästigung. Es ist nicht alles Mief, wo Meer draufsteht. Eine Seegraswiese im Frühling ist immer noch ein schöner Anblick. Wenn die Seeschmetterlinge um die Seeanemonen flattern, wenn die Seewespen Nektar aus den Seelilien saugen, dann möchte man sich ausstrecken und die Nüstern blähen. Der gute Wille vermag sogar aus schwimmendem Kehricht noch Wohlgerüche zu destillieren, buchstäblich: Ein großer Kölner Parfümier brachte jüngst sein „Wunderwasser" auf den Markt, das, so die Beschreibung, „Spuren von facettenreichem Treibholz" enthält.

Das wirft allerdings auch Fragen auf. Was nehmen sie da? Schiffsplanken? Angeschwemmte Lattenroste? Bananen- oder Apfelkisten bringen sicher eine fruchtige Note, aber welches Odeur lässt sich aus Paletten gewinnen, auf denen Windeln gestapelt waren? Und wer fischt das alles heraus?

Vielleicht gibt es ja den altehrwürdigen Beruf des Treibholztreidlers. Männer mit verwitterten Gesichtern ziehen nach schweren Stürmen teerschwarze Bohlen durch den Spülsaum. Manchmal auch fahren sie hinaus auf See, um die geborstenen Rümpfe der Holzsegler zu bergen. Ihre Arbeit ist schwer und längst nicht mehr so ertragreich, seit GFK-Yachten die Meere besiedeln. Sie wissen: Plastikteile sind facettenarm.

Die Frauen der Treibholztreidler, schweigsame Arbeiterinnen in Wollmützen und Gummistiefeln, kratzen derweil Algen und Muscheln von zersplitterten Masten. Sie riechen nach Tang und Maloche, aber nicht nach „Wunderwasser", so feine Herrschaften sind sie nicht. Am Rand der Klippe steht ein Lkw mit Kölner Kennzeichen, dort laden sie irgendwann alles auf. Wenn sie in die Städte gehen, um Brot und Kartoffeln und vielleicht etwas Fleisch für den Sonntag zu kaufen, dann weht bisweilen ein süßer Duft um ihre Nasen. Dann lächeln sie in sich hinein, ein wenig sehnsüchtig, aber auch ein bisschen stolz.

So dachte ich. Aber ach, es ist ganz profan. „Die Inhaltsstoffe des Duftöls enthalten nicht wirklich Treibholz. Hier handelt es sich eher um eine Duftbeschreibung aus dem Marketingbereich", erklärte der Abfüller des „Wunderwassers". Sie machen das künstlich, so wie alles. Man quetscht ja auch keine Moschusochsen mehr durch Destillierkolben oder wringt Biber aus, um an ihre teuren Duftstoffe zu kommen. Das geht alles per Synthese. Selbst das legendäre Ambra der Pottwale wird mittlerweile aus stinknormalem Salbei gekratzt. Das ist dann zwar nicht so aromatisch, dafür hilft es auch gegen Husten.

Die Monster von Nantes

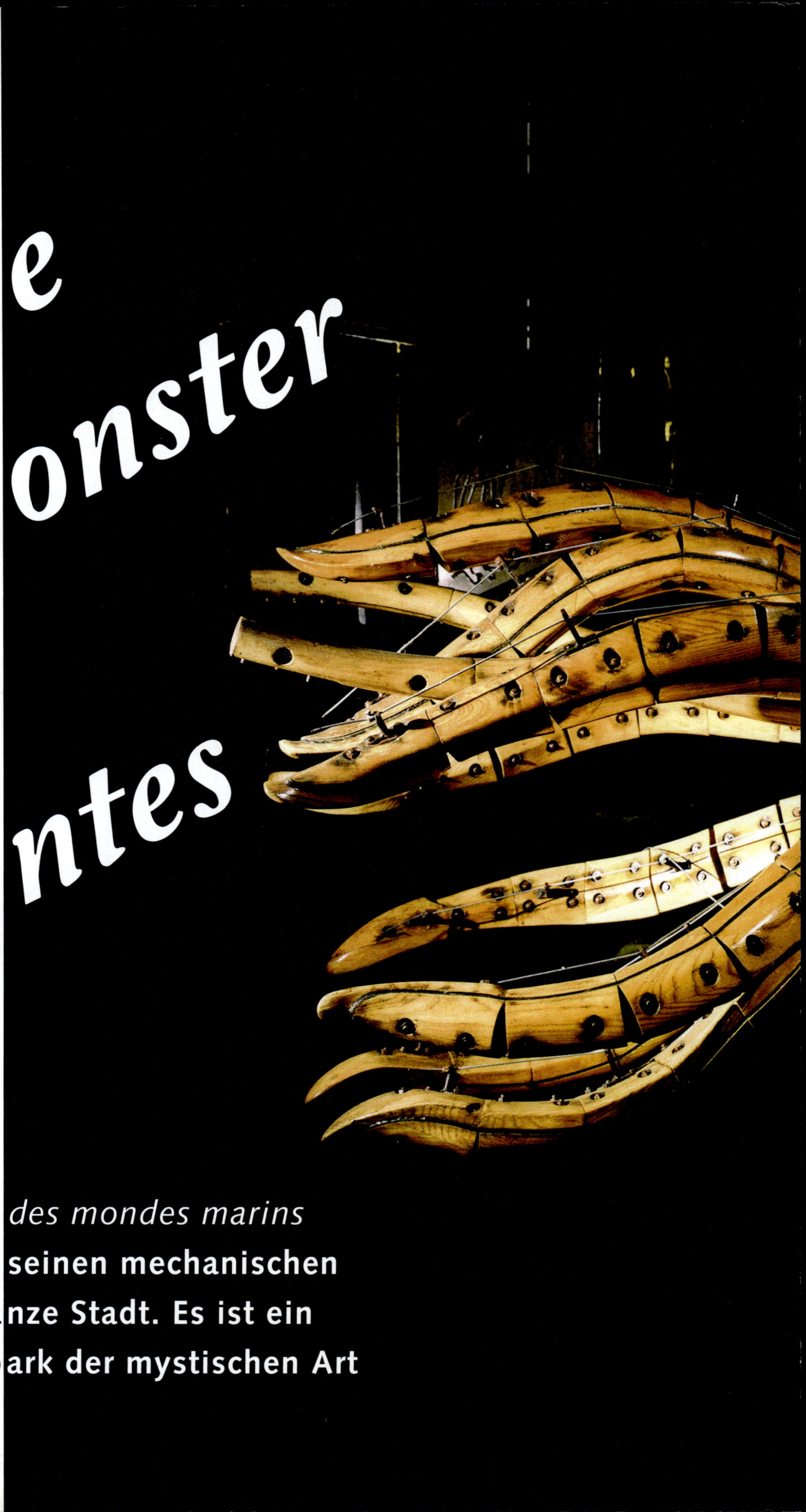

Das *Carrousel des mondes marins* bezaubert mit seinen mechanischen Tieren eine ganze Stadt. Es ist ein Vergnügungspark der mystischen Art

Text: Martina Wimmer Fotos: Robert Voit

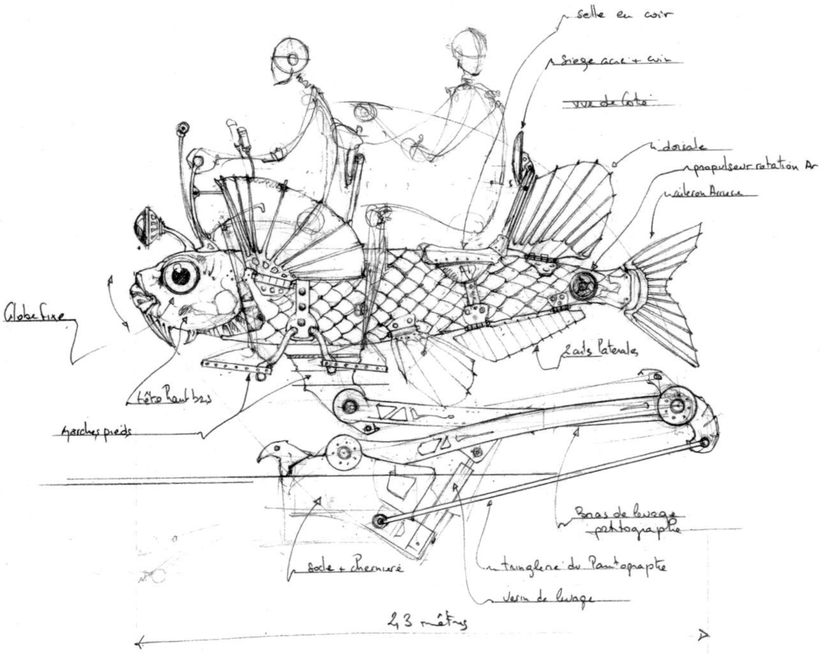

PROLOG. IM JAHR 1987 STARB EIN TEIL der Seele der Stadt Nantes. „Bougainville“ hieß das letzte Schiff, das die Werft Dubigeon in ihren Hallen fertigstellte; mehr als 200 Jahre Schiffbautradition waren Geschichte. Im 16. Jahrhundert war Nantes die größte Hafenstadt Frankreichs, im Zug der Industrialisierung wurde der Schiffbau im 19. Jahrhundert zum mächtigen Wirtschaftsfaktor. In Hochzeiten arbeiteten 8000 Menschen auf der Werft. Zurück blieben verlassene Industriebauten auf einer Insel inmitten der Loire, gut sichtbar von der Stadt am Ufer. Leere Werkshallen, verödete Rampen, rostende Kräne, ein verblassender Schriftzug auf einem stolzen Gebäude aus dem Jahr 1918: *Ateliers et chantiers de Nantes.*

Zurück blieb auch: eine traumatisierte Kommune, nur durch den Fluss von der Wunde getrennt. Viele Jahre war es, als läge ein ewiger Schatten auf der Brache, kein Nanteser wollte auch nur in ihre Nähe, sie sagen noch heute: Zu groß war der Schmerz.

Die handelnden Personen. Jeden Abend, wenn die Sonne sich senkt, steigt Pierre Orefice die Treppen hinauf bis zur höchsten Ebene des Karussells und blickt hinüber auf die Stadt. Eine große Ruhe macht sich dann in ihm breit, er fühlt, dass er zusammen mit seinem Freund François Delarozière und der *Compagnie La Machine* einen Ort geschaffen hat, der die Bewohner von Nantes mit dem Lauf der Geschichte versöhnt. *Magique* nennen ihn viele, „verzaubert“.

Le carrousel des mondes marins steht dort, wo die alten Schiffsrampen enden, umhüllt von einem Gerüst aus Beton, das aussieht wie die Befestigungen des Flussufers. Ein architektonisches Zitat, das ein Bild erschaffen soll: Die rotierende Wunderwelt ist aufgetaucht aus den Tiefen, im Verborgenen war sie immer schon da. Auf dem Plakat, das 2012 die Eröffnung des Karussells ankündigte, ist es von stürmischen Wellen umtost. Und man möchte es wirklich glauben, dass die 35 Objekte, die auf drei Ebenen ihre Runden drehen, ein Eigenleben haben; dass jedes eine Geschichte erzählen kann, von dort, wo es herkommen soll: aus dem Meer. Der Piratenfisch etwa, ein Grätenskelett aus bleichem Lindenholz, dessen Pilot die Bewegungen mit einem Steuerknüppel aus Knochen dirigiert. Die Krabbenlarve, die hier zu einer beeindruckenden Größe von fast drei Metern heranwachsen durfte und stolz zwei Menschen auf sich reiten lässt. Der Mantarochen, der so anmutig mit den Flossen schlagen kann, weil 110 handgefertigte Holzteile in einer präzise ausgeklügelten Abfolge von seinen Schöpfern montiert wurden. Er schwebt durch die Luft, und wer ihm dabei zusieht, wähnt sich auf einem verrückten Tauchgang, der Boden der Tatsachen ist weit entfernt.

Das Karussell und seine heute sehr freundliche Umgebung aus Grünflächen, Grillstationen und Spazierwegen sind von der pragmatischen Seite her betrachtet das Ergebnis eines selten gelungenen Zusammenspiels von Politik und Kunst. Jean-Marc Ayrault, der frühere Bürgermeister von Nantes, wollte der Insel den Schrecken nehmen. 337 Hektar misst ihre gesamte Fläche, bebaut mit Industrie- und Lagerhallen, durchzogen von breiten Straßen. Sie ist ein ganzer Stadtteil im Fluss und seit knapp 20 Jahren stadtplanerisches Großprojekt. Hier sollen Wohnungen entstehen und Parks, hier soll sich die Wissenschaft entfalten und die Kunst.

Man gab dem tristen Areal im Zug der Umgestaltung den Namen „Île de Nantes“ und lud kreative Geister ein, ihre Fantasie dort walten zu lassen, wo es an Freude und Ästhetik fehlte, aber nicht an Platz. Pierre Orefice und François Delarozière denken gerne in größeren Dimensionen. Sie haben sich bei *Royal de Luxe* kennengelernt, jener französischen Straßentheatertruppe, die die Welt mit gigantischen Marionetten bespielt. François Delarozière, getriebener Künstler, Erfinder, Konstrukteur, gründete 1999 seine eigene Truppe *La Machine.* Mechanik und die Schönheit der Bewegung ist deren Thema. Der Akademieabsolvent aus Marseille hat selbst spielende Musikinstrumente erschaffen, Maschinen, die Wein einschenken, Riesenspinnen aus Holz und Stahl, die Häuserwände erklimmen. Pierre Orefice, der studierte Politologe und Ökonom, hatte den Masterplan und die richtigen Verbindungen. Sie nannten ihr Projekt *Les machines de l'île.*

Ein Vergnügungspark, wie ihn die Welt noch nicht gesehen hatte, sollte auf der Insel wachsen, ein Vergnügungspark, für den die profane Vorstellung, die der Begriff weckt, eine Beleidigung wäre. Keine schnellen Sensa-

Lesen Sie bitte weiter auf Seite 86

Rechte Seite **25 Meter hoch, 35 Figuren:** *Le carrousel des mondes marins.* **Fast jede Figur basiert auf einer Zeichnung Delarozières. Der hydraulisch fliegende Fisch** *(Entwurfsskizze oben)* **kreist auf der obersten Ebene**

LE CARROUSEL
MONDES DES MARINS

Mechanik und die Schönheit der Bewegung sind das Thema der Künstlertruppe La Machine

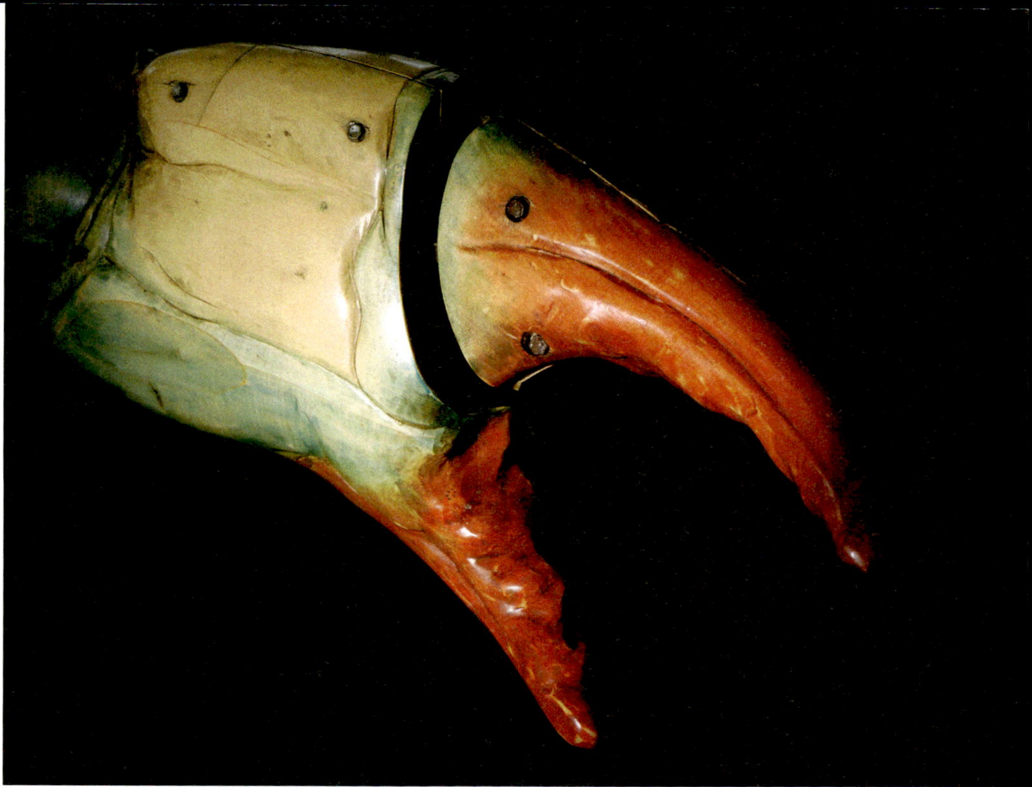

Linke Seite In den Tiefseegräben *Les abysses* schweben die Krabbenlarve und der Brustfaltenfisch fünf Meter über dem Boden

Rechts oben Die Schere der Riesenkrabbe lässt sich von den Reitern, die auf ihrem Panzer sitzen, mit einem Hebel bewegen

Rechts Die Riesenkrabbe aus Stahl, Holz und Leder wiegt 700 Kilogramm und ist ihrem lebenden Vorbild farbgetreu nachgebaut

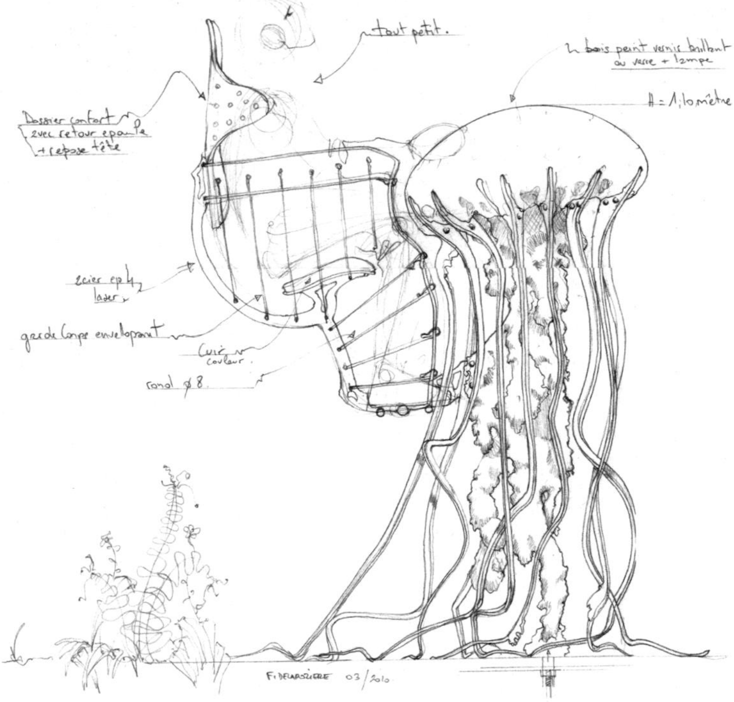

Mit der *Méduse de voyage* **reisen die kleinsten Mitfahrer sicher über den Meeresgrund. Der Quallenkörper ist aus Lindenholz, die Tentakeln sind aus Stahl**

tionen, keine Effekthascherei, kein billiger Ramsch. Stattdessen: ein Erlebnis, das bei einem bleibt, mit all der Sorgfalt, Hingabe und Begeisterung inszeniert, die ein großes Schauspiel braucht. Im Französischen gibt es dafür ein schönes Wort: *spectacle*.

Le carrousel des mondes marins sollte dessen Herzstück sein. Das Meer als Thema war nachgerade naturgegeben. Die einst bedeutende Hafenstadt Nantes hat sich dem 50 Kilometer entfernten Atlantik stets näher gefühlt als ihrer ländlichen Umgebung. „Ich bereite meine Reise unter Wasser vor", schrieb der berühmteste Sohn der Stadt 1866 an seinen Verleger Pierre-Jules Hetzel. Jules Verne wurde 1828 in Nantes geboren, seinen Roman „20 000 Meilen unter dem Meer" erdachte er in Chantenay im Landhaus seiner Eltern, es liegt mit Blick auf die Loire, nur ein paar Kilometer flussabwärts von der Île de Nantes entfernt. Das Karussell ist auch eine Hommage an Vernes literarische Visionen von sagenhaften Gestalten in der Tiefe. Wer es besteigt, sieht am anderen Ufer eine märchenhafte Villa, die das Museum beherbergt, mit dem Nantes den Schriftsteller ehrt.

Als die Idee in der Welt war, sagt Pierre Orefice, seien die Geschöpfe, die sie transportieren sollten, wie von selbst erschienen. „Wir trinken guten Rotwein, wir reden, François zeichnet dabei die ganze Zeit." Delarozière sagt: „Das Karussell war schon immer in meinem Kopf. Ich habe mein halbes Leben in Marseille verbracht, das Meer ist ein Teil von mir. Vielleicht kommt meine Faszination für Bewegung daher, dass ich am Meer aufgewachsen bin. Es ist meine ewige Projektionsfläche. Ich kann Stunden damit zubringen, ihm zuzusehen, wie es sich verändert, und werde es nie durchdringen, nie verstehen. Auf dem Meer denkt und fühlt man anders als an Land. Es verändert die Wahrnehmung der Zeit. Das Karussell ist ein Werk, das all das vereinen soll: die Sehnsucht, das entrückte Gefühl, die Mythen, die Monster, die Abenteuer, die eine Reise über das Meer verspricht."

In einer früheren Werfthalle befindet sich nun die Werkstatt von *La Machine*, ein Fachbetrieb, der je nach Auftragslage bis zu 60 Spezialisten beschäftigt: Programmierer, Ingenieure, Konstrukteure, Mechaniker, Schreiner, Holzschnitzer, Seilmacher, Kesselschmiede, Schweißer, Hydrauliker, Kunstmaler. Vielen von ihnen war der Kunstbetrieb früher fern. Antoine Pissaut, Maschinenbauingenieur, hat Achsensysteme konstruiert, war bei Siemens und Agfa beschäftigt. Sein jetziger Arbeitgeber sei technisch nicht weniger anspruchsvoll, aber das Ergebnis seines Schaffens ungleich befriedigender. Pissaut hat die Befestigungen des Karussells entwickelt und erklärt die komplizierten Entwürfe am Computer mit einem Strahlen, als überreiche er einem einen Blumenstrauß. Emmanuel Bourgeau arbeitet in der Holzwerkstatt. Früher hatte er einen kleinen Betrieb in der Bretagne, fertigte Schnitzereien für Nachbauten historischer Schiffe.

Bourgeau ist ein stiller Handwerker, der bei *La Machine* die Kraft seiner Vorstellung entdeckte. Er hat für das Karussell Boote in Form von Walnussschalen erfunden, mit Ruderblättern, die dem Laub des Baumes gleichen. Und auf der Suche nach inspirierenden Meerestieren hat er den durchsichtigen Brustfaltenfisch aufgespürt, einen 60 Millimeter kleinen Tiefseebewohner, der als Karussellfigur drei Meter groß werden durfte und als einzige Meeresmaschine Flossen aus Kunststoff zur Schau trägt. Denn Plastik ist verpönt, die Auswahl der Materialien ist konservativ: Holz, Metall, Leder, viele Bauteile sind alt und werden wiederverwertet. Aus einer Ölwanne wurde ein Unterseeboot, die Zunge des Brustfaltenfischs war früher der Kühlergrill eines Autos.

Eine Schiffshalle weiter konnten die Stadtbewohner schon fünf Jahre, bevor das Karussell sich zu drehen begann, dessen Figuren kennenlernen. In der *Galerie des machines* werden die jüngsten Erfindungen der Truppe ausgestellt, dort begannen die Meeresmaschinen Theater zu spielen, für und mit ihrem Publikum. Dort wurde die Schlangenhalsschildkröte zum Liebling der Kinder, nicht nur, weil ihre Passagiere mit verschiedenen Hebeln Beine, Hals und Schwanz bewegen können, sondern weil sie so hübsche gläserne Augen hat. Dort hat das fantastische Pferdefischgespann zum ersten Mal seine 752 handgehämmerten Schuppen ausgestellt und der Riesenkalmar die Scharniere in seinen hölzernen Armen. Für François Delarozière, ihren Schöpfer, ist es die Essenz seiner Kunst, „dass wir mit der Mechanik der Maschinen Geschichten erzählen. Dass man ihre Konstruktion, ihren Aufbau sieht, Gelenke, Schrauben, die Aufhängungen.

Lesen Sie bitte weiter auf Seite 95

La surface, **die Meeresoberfläche, mit bester Aussicht auf Nantes. Hier bläht echter Wind das Sprietsegel des Zackenbarschboots**

Jules Verne, Leonardo da Vinci, Antoni Gaudí: Delarozières Entwürfe erzeugen vielfältige Assoziationen

Links oben **Hinter den Zähnen des Laternenfischs ist Platz für einen Passagier, der dessen Unterkiefer aufklappen lassen kann**

Links **Der böse Blick täuscht. Der** *Poisson marcheur,* **ein Schlammspringer, transportiert geduldig kleine Reiter durch die Tiefen des Karussells**

Rechte Seite **Der Einsiedlerkrebs ist ein Halbwesen, ein Teil seiner Gestalt besteht aus den Überresten eines alten Mopeds**

In der Bewegung liegt die Inszenierung.
Die Besucher bedienen die Maschinen selbst

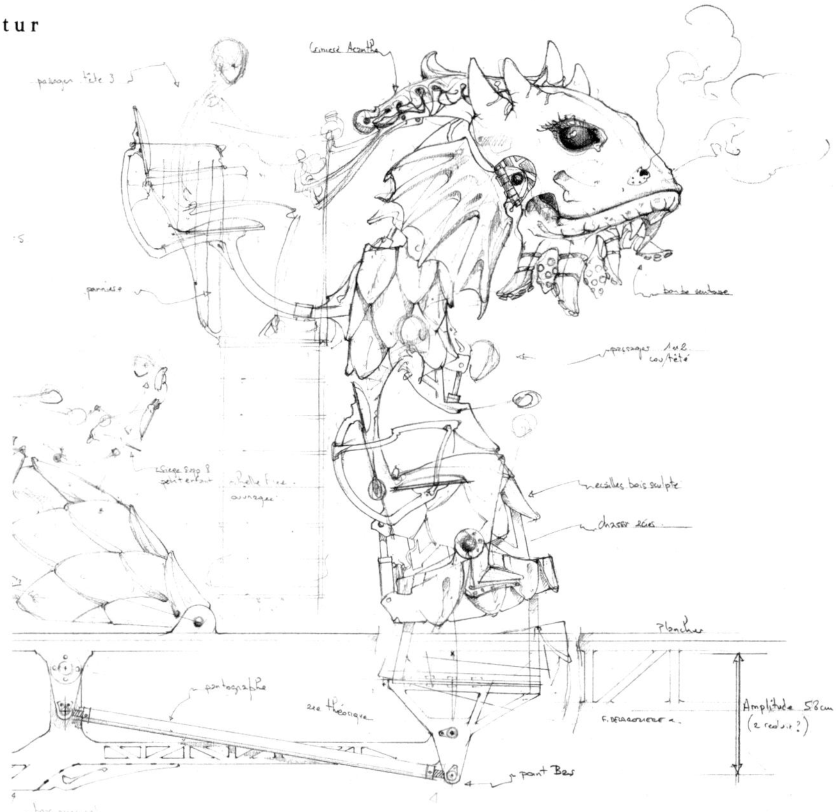

Wir erdenken die Figuren nicht von außen, von ihrer Wirkung her, sondern von innen, von ihrer Anatomie, ihrem Skelett. Die Bewegung ist die Inszenierung, jeder Besucher spielt mit und gestaltet sie neu, weil er die Maschinen so bedienen kann, wie er will."

Das Schauspiel. Die Bühne, das Karussell, ist stolze 25 Meter hoch, sein rotes rundes Dach gleicht einem Zirkuszelt, gekrönt wird es von einem Ausguck wie bei einem Schiff, die Dachkante zieren Bilder von Fischern aus allen Teilen der Welt. Doch das ist eigentlich der Schlussakkord. Das Publikum betritt das Karussell und seine drei Ebenen von unten, erreicht über eine Treppe *Les fonds marins*, den Meeresgrund. Es ist düster dort, wo, ummantelt von der Betonstruktur, die Riesenkrabbe, der Kalmar und der Nautilus wohnen. In Letzteren kann man sich einschließen lassen, er taucht während der Fahrt zusammen mit dem Ölfass-U-Boot in den Untergrund des Maschinenraums ab, während zwei weitere Forscherkapseln sich gegen die Fahrtrichtung um den Pol des Karussells nach oben schrauben. Ein Zugeständnis an das britische Publikum, so heißt es, dort drehen sich Fahrgeschäfte nämlich immer andersherum.

Die Besucher, die als Passagiere zu Darstellern werden, werden von Mitarbeitern mit zarter Hand festgeschnallt und mit Hingabe in ihre Maschinen eingewiesen. Welcher Hebel bewegt die Lampen des U-Boots? Wie bringt man die Scheren der Riesenkrabbe zum Klappern und die Arme des Kalmars in Schwung? Wenn das Karussell sich in Bewegung setzt, ertönt hier unten dumpfe Musik, metallische, sphärische Klänge, die akustische Interpretation eines unterseeischen Gefühls. Aus dem Boden schieben sich stählerne Seegrasblätter empor. Und mit derselben entrückten Langsamkeit, mit der sich die Bewegungen des Karussells und der Figuren vollziehen, breitet sich ein kollektives Lächeln bei Akteuren und Zuschauern aus.

Eine Etage höher wird das Erlebnis ekstatischer. *Les abysses*, die Tiefseegräben, werden von mächtigen Kreaturen bevölkert. Fünf Meter über dem Meeresgrund schweben Brustfalten- und Piratenfisch, Mantarochen und Krabbenlarve. Wenn das Karussell ruht, kann man sie über Zugbrücken besteigen, in ihr Gerippe klettern, auf schmalen Sitzen balancieren. Der Anglerfisch transportiert gleich sieben Erwachsene und zwei Kinder auf einmal. Der beste Platz ist vorne in seinem Maul, hinter metergroßen spitzen Zähnen. Es lässt sich öffnen, mit einem hydraulischen Schnauben klappt der Fisch dann den Unterkiefer weg, und die Beine des Piloten baumeln frei über dem Meeresgrund. Es ist fürwahr ein Spektakel, die Riesentiere ihre Runden drehen zu sehen. Maschinengeräusche mischen sich mit Musik und euphorischen Rufen, aus den Wänden wachsen rote Korallenfächer, Eltern vergessen vor Staunen, ihren Kindern zu winken, Großväter rangeln mit Enkeln um die Hebelhoheit. Gemeinsam versinken sie in dieser egalitären Traumwelt, die alle zu glücklichen Reisenden macht.

Durch die Betonpfeiler scheint das Licht von draußen hier noch verhalten. Wer eine Treppe hinaufsteigt zu *La surface*, der Meeresoberfläche, dem weht der Wind ins Gesicht, der Blick weitet sich auf die Loire und die Stadt. Es fühlt sich tatsächlich an, als tauche man auf aus den Tiefen des Ozeans. Hier oben drehen Boote ihre Runden, ein Schiff schaukelt sturmgepeitscht durch Nebel und Gischt, der Nachbau eines holländischen Seglers aus dem 17. Jahrhundert hat den Kopf eines Zackenbarschs, Prinzessinnen thronen auf einem Gespann von Pferden mit Fischschwänzen, und eine sechs Meter lange Seeschlange erträgt geduldig bis zu 14 Passagiere.

Die Klänge der Musik sind heller, leichter, es ist, als höre man Möwen, dabei lauscht man dem Klirren der metallenen Schar fliegender Fische, die *Le carrosse pour dames* begleiten, eine Meeresschneckenkutsche. Lauter als alles ist nur das Lachen des Paares, das auf Fahrrädern in Fischgestalt um die Wette strampelt, um deren Flossen hektisch schlagen zu lassen. Man könnte jetzt noch erwähnen, dass manche von hier oben einen hölzernen Elefanten besteigen, der sie durch den so wunderbar schmerzbefreiten *Parc des chantiers*, den Park der Schiffbauer, trägt. Doch das ist wieder eine andere Geschichte von einer Maschine, die Geschichten erzählt.

Die Seeschlange ist die größte Figur des Karussells. Allein die Fertigung ihrer Sauriern nachempfundenen Augen aus Messing dauerte zehn Tage

mare-*Redakteurin Martina Wimmer, Jahrgang 1965, konnte nicht alle Karussellfiguren ausprobieren, plant aber eine neue Reise. Robert Voit, Jahrgang 1969, fotografierte das künstliche Meeresgetier im Großbildformat.*

… HALB SANK ER HIN

Goethes Leidenschaft für exotische Küsten und fremde Gewässer führt wie ein roter Faden durch sein Werk. Statt zu reisen, umgab er sich lieber mit den Lateinamerikaforschern seiner Zeit

Von Dieter Strauss

SEELE DES MENSCHEN, WIE gleichst du dem Wasser!" Auslöser für diesen Vers und sein Gedicht „Gesang der Geister über den Wassern" ist der Staubbachfall, der zweithöchste Wasserfall der Schweiz. „Es ist ein sehr erhabener Gegenstand", schreibt Johann Wolfgang von Goethe fasziniert während seiner zweiten Schweizer Reise Ende 1779 an Charlotte von Stein. Das Wasser stürzt vom Himmel herab und steigt mit seiner nebligen Gischt wieder zu ihm empor: ein ewiger Wechsel, der den Kreislauf der Reinkarnation andeutet. Den Rheinfall von Schaffhausen, den größten Wasserfall Mitteleuropas, besucht er während seiner drei Schweizer Reisen sogar viermal. Schließlich sieht er in ihm die Quelle des Ozeans, die Mutter der Meere.

Dem Wasser spricht er große Kraft zu. Die Erde als Regenmacherin kann die Welt ertränken oder austrocknen. Als Neptunist ist Goethe überzeugt, dass die Welt durch das Zurückgehen der Wasser entstanden ist (**mare** No. 29). Die Vulkanisten mit ihrer Theorie der Erdentstehung aus Feuer lehnt er vehement ab. Diese Auffassung ist ihm viel zu revolutionär. Es sei allein den Ozeanen zu verdanken, dass die Meeresanwohner in gemäßigtem Klima aktiver und produktiver sind als die Bewohner im Landesinnern.

Bei dieser starken Affinität zu Wasser, zu Flüssen und Meeren ist Goethes Hang zur Witterungs- und Wolkenkunde, zur Astronomie verständlich. Schließlich ist er ja auf seiner ersten Italienreise bei seiner Rückkehr von Sizilien nach Neapel wegen widriger Winde fast auf den Felsen vor Capri gestrandet. Der Mondwechsel führt bei ihm zu körperlichem Missbehagen, und das Fehlen der Sonne, die er heiß verehrt, deprimiert ihn und lässt ihn Fehler begehen. Die Mondfantasien des Astronomen Franz von Paula Gruithuisen, der auf dem Mond Menschen und sogar ganze Städte entdeckt haben wollte, beschäftigen ihn derart, dass er sie an seinen Herzog Karl August weiterschickt.

Goethes häufige Beschäftigung mit Schifffahrt, wie dem Bremer Hafenausbau, dem Welthandel und den geplanten großen Kanalbauten, allen voran der des Panamakanals, erzeugt Reiselüste. Den Durchstich durch den mittelamerikanischen Isthmus will er selbst unbedingt sehen und erfahren. „Dieses möchte ich erleben, aber ich werde es nicht", meinte er 1827 zu seinem Vertrauten, dem Dichter Johann Peter Eckermann. Und weiter: „Zweitens möchte ich erleben, eine Verbindung der Donau mit dem Rhein hergestellt zu sehen. … Und drittens möchte ich die Engländer im Besitz eines Kanals von Sues sehen. Diese drei großen Dinge möchte ich erleben, und es wäre wohl der Mühe wert, ihnen zuliebe es noch einige fünfzig Jahre auszuhalten." Dahinter steht Goethes Zug zur Weltläufigkeit, sicher

Linke Seite **Der Rheinfall bei Schaffhausen zu Goethes Zeit. Der Dichter besuchte ihn viermal. Landschaft von Johann Jakob Wetzel (1781–1834)**

Rechts **Vier Gelehrte im Garten. Von links nach rechts: Friedrich Schiller, Wilhelm von Humboldt, Alexander von Humboldt, Johann Wolfgang von Goethe**

auch die Freude, die ihm seine Naturbetrachtungen bescheren, hielt er doch die Natur zunächst für ein neckisches Mädchen und bezeichnet sie später mit zunehmendem Alter als Mutter.

Seine glühende Begeisterung für das Kanalprojekt lässt ihn auch die Globalisierung vordenken. „Wie durch Schnellposten und Dampfschiffe rücken auch durch Tages-, Wochen- und Monatsschriften die Nationen mehr aneinander, und ich werde meine Aufmerksamkeit besonders auch auf diesen wechselseitigen Austausch zu wenden haben." Das tut er auch und diskutiert mit seinem Freund Eckermann die Bedeutung des Panama- und Sueskanals für den Welthandelsverkehr. Für den prophezeit er einen riesigen Aufschwung, mit der Entstehung von bedeutenden Handelsstädten längs der Pazifikküste, die besonders den Verkehr zwischen China, Ostindien und den Vereinigten Staaten fördern würden. Kurz, für den Kommunikator, Globalisator und Neptunisten Goethe hatte der Panamakanal höchste Priorität.

Goethe beschäftigt sich ausführlich mit seinen reisenden Zeitgenossen. „In ferne Regionen versetzen uns die Zeichnungen zu des Prinzen von Neuwied Durchlaucht brasilianischer Reise." Aber nicht nur diese Bilder begeistern Goethe. Nach der Lektüre von Carl Friedrich Philipp von Martius' berühmtem Werk über Palmen in Brasilien fühlt er sich „anwesend, einheimisch und in anmutiger Gesellschaft", ja, er will sogar nach Südamerika auswandern, empfindet sich aber zu alt dazu. Ganz besonders wichtig werden für ihn und seine Gedankenreisen in die Neue Welt seine persönlichen Kontakte zu den großen Reiseforschern seiner Zeit.

Georg Forster ist einer der ersten Forschungsreisenden, den Goethe trifft. Forster, der mit James Cook auf dessen zweiter Reise Tahiti und die Südpolargegenden erreicht hatte, öffnet ihm den Blick auf die Südsee. „Viel gefragt und viel geschwatzt", so kommentiert Goethe seinen ersten Kontakt mit Forster im September 1779, an dem auch sein Herzog Karl August inkognito teilnimmt.

Weitere Treffen mit dem jungen Weltumsegler, der auch ein Mentor und Freund Alexander von Humboldts werden sollte, folgen in Kassel, Weimar und Mainz. Einig sind sich die beiden über die Bedeutung Cooks, dessen gewaltsamer Tod Goethe als „Katastrophe eines großen Lebens" ansieht. Goethe hätte Forster gern auf seiner Reise in die Niederlande und über den Kanal nach England begleitet. Es bleibt wie so oft bei einer Gedankenreise.

Alexander von Humboldt stieß auf seiner Lateinamerikafahrt (1799 bis 1804) bis zum Rio Negro und zum Amazonas vor und widmet seinen 1807 bei Cotta erscheinenden Reisebericht Goethe. „In den einsamen Wäldern am Amazonasflusse erfreute mich oft der Gedanke, Ihnen die Erstlinge dieser Reise widmen zu dürfen." Goethe verschlingt nicht nur dieses Buch, sondern zeichnet mithilfe von Humboldts Daten selbst die Karte „Höhen der alten und neuen Welt".

„Er gleicht einem Brunnen mit vielen Röhren, wo man überall nur Gefäße unterzuhalten braucht und wo es uns immer erquicklich und unerschöpflich entgegenströmt", schreibt Goethe bewundernd über den Weitgereisten. Humboldt ist für ihn ein wichtiger Berater, sie arbeiten öfter zusammen, und Goethe lernt dabei in wenigen Stunden mehr, als er allein in Jahren erreichen konnte. „Am rauen Winterabend wandelt man ja wohl gerne einmal in einem schön belaubten Tropenwald umher" – eine Einschätzung Humboldts, die bestimmt auch für Goethe galt.

Bereits im Januar 1817 ist es dann so weit. Die Brasilienbegeisterung des Herzogs Karl August und Goethes schlägt so hohe Wellen, dass der Herzog eine kleine Weimarer Brasilienexpedition ausstatten will – ein ehrgeiziger Plan, der sich letztlich nicht realisiert. Befeuert hatte den Plan der Enthusiasmus der beiden für Ethnologie und ferne Länder und die Bücher von Brasilienforschern wie dem Briten John Mawe, dessen Werke Goethe bei der Klassifizierung von Mineralien und Dia-

manten halfen. Wilhelm von Eschwege, der von 1810 an in Brasilien war, trifft Goethe allein 15-mal und schürt ebenfalls die Weimarer Faszination für die Neue Welt. Eschwege hatte Medizin und Bergkunde in Göttingen studiert. Später wurde er der Leiter der brasilianischen Goldbergwerke und gilt als Vater der brasilianischen Geologie. Bergbau ist auch Goethes großes Steckenpferd; er ist von 1780 an der Vorsitzende der Weimarer Bergwerkskommission und lässt sich immer wieder gerne von Eschwege über Brasilien berichten.

Die beiden Bände über die Expedition des Prinzen zu Wied-Neuwied, der zwischen 1815 und 1817 die brasilianische Küste in Richtung Amazonasmündung bereiste, stehen natürlich in Goethes Bibliothek am Frauenplan. Wied benötigte wegen schlechten Wetters allein 72 Tage für die Atlantiküberquerung. Goethe schwärmt geradezu von den Zeichnungen der Vögel und Tiere und genießt es sehr, dass der Prinz zwei brasilianische Malvenarten an den Bonner Garten sendet, die der Gartendirektor *Goethea cauliflora* und *Goethea strictiflora* nennt.

Carl Friedrich Philipp von Martius' Besuche im September 1824 und Oktober 1828 bezaubern Goethe; er lässt ihn nur ungern wieder gehen, wie er seinem Tagebuch anvertraut. Diese tiefe Verbindung spiegelt sich auch in seinem Briefwechsel mit Martius, dessen „Palmenwerk" er immer wieder liest und über das er eine sehr wohlwollende Rezension schreibt. Verständlich, denn schließlich versetzt es ihn nach Brasilien und vermittelt ihm das Gefühl, dort zu Hause zu sein. Und das trotz des problematischen Indianerbilds von Martius, das sich auf eigene Erfahrungen mit Indianern stützt. Ihr kleiner Wuchs und die für ihn unangenehme Gestalt ihres Gesichts erregen in Martius die „wehmütigsten Gefühle über die Verkümmerung des Menschlichen". Die Miranha-Indianer empfindet er sogar als „roh bis zur Thierheit". Skrupel, vier Indianer mit nach München zu nehmen, hat er auch nicht, zwei sterben auf der Überfahrt, die anderen beiden bald darauf in München. Goethe dagegen entwickelt eine tolerantere Einstellung und schließt sich der Evolutionstheorie an.

Über die österreichische Expedition, die 1817 Leopoldina, die Frau des zukünftigen brasilianischen Kaisers Dom Pedro I., nach Brasilien begleitet und der sich die geplante Weimarer Brasilienerkundung ursprünglich anschließen sollte, wird Goethe brieflich auf dem Laufenden gehalten. Karl Ritter von Schreibers, den Fürst Metternich mit der Koordination dieser Expedition von Wien aus beauftragt hatte, berichtet Goethe immer wieder, er schickt auch Materialien wie Samen oder Mineralien und lässt ihn die vertraulichen Reiseinstruktionen lesen.

Bereits im Februar 1824 glaubt Goethe, in der Naturforschenden Gesellschaft Bonn einen „Ankerplatz […] für Welt- und Naturumsegler" gefunden zu haben. Die großen Seefahrer lassen ihn nicht mehr los: angefangen beim englischen Admiral Lord Cochrane, der die chilenische, brasilianische und griechische Marine aufbaute, über Otto von Kotzebue, dessen dritte Weltumsegelung 1823 bis 1826 er auf dem Globus verfolgt, bis zum französischen Seefahrer Jean-François de La Pérouse, der um Kap Hoorn über die Osterinseln bis nach Kamtschatka gesegelt und seit 1788 verschollen war.

Wie sehr das Leben des Menschen vom Wasser bestimmt werden kann, das zeigt Goethe in seinen „Wahlverwandtschaften", das beweist Ottilies Kahnunfall auf dem See von Eduards Landgut, bei dem das Baby Charlottes, Eduards Frau, ertrinkt, und auch die Nixe in der „Fischer"-Ballade, die einen Fischer in die Tiefe lockt: „Halb zog sie ihn, halb sank er hin / Und ward nicht mehr gesehen." Bei dieser machtvollen bis zerstörerischen Kraft des Wassers hält Goethe mehrfach Elogen auf jene Menschen, die sich dieser Naturgewalt für ihre hohen Ziele aussetzen. In „Hermann und Dorothea" verherrlicht er den Seehelden, im „Wilhelm Meister" feiert er die „edlen Naturforscher, die jeder Beschwerlichkeit, jeder Gefahr wissentlich entgegengehen, um die Welt der Welt zu öffnen und durch das Unwegsamste hindurch Pfad und Bahn zu breiten". Ein Lob, das er in seiner „Marienbader Elegie" wiederholt, hier werden die Entdecker sogar zu seinen „Weggenossen". Die Südseeinsel als Garten Eden erscheint in seiner Erzählung „Reise der Söhne Megaprazons", aber auch als Sozialutopie mit angedeuteter Gleichheit unter den Menschen und identitätsstiftender Arbeit.

„Vom Himmel durch die Welt zur Hölle" nannte Goethe einmal den Weg seines Faust. Dabei hat er sicher den Faust als Kolonisator im zweiten Teil vor Augen, mit seiner Philosophie des Rechtes des Stärkeren: „Man hat Gewalt, so hat man Recht. / Man fragt ums Was und nicht ums Wie. / Ich müsste keine Schiffahrt kennen: / Krieg, Handel und Piraterie, / Dreieinig sind sie, nicht zu trennen." Konform damit werden die Arbeiter seiner Kolonisationsbauten wie Sklaven gehalten. Sogar vor Enteignung, Vertreibung und Mord schreckt dieser Faust nicht zurück. Er wird trotz allem erlöst, und Mephisto verliert im letzten Augenblick seine Wette. Eine späte Bestätigung der Interpretation des Staubbachfall-Gedichts, dessen Wasser vom Himmel ins Tal stürzen und als neblige Gischt wieder zum Himmel ziehen.

Der promovierte Germanist und Historiker Dieter Strauss, Jahrgang 1942, arbeitete auf vier Kontinenten in sieben Ländern 33 Jahre lang für das Goethe-Institut und lebt heute als Autor, Referent und Ausstellungsorganisator in München. Er wiederholte die Brasilienexpedition Georg Heinrich von Langsdorffs, veröffentlichte darüber den „Grünen Baron" (Peter Lang, Frankfurt/M., 2012) und befuhr den Panamakanal auf einer Frachterreise von Valparaíso nach Hamburg.

Linke Seite **Goethe zeichnete anhand der Daten in Humboldts Reisebeschreibungen einen Vergleich der „Höhen der Alten und Neuen Welt", 1807**

Rechts **Die Malve** *Goethea cauliflora.* **Kupferstich nach einer Zeichnung des Prinzen zu Wied-Neuwied**

Nick Hannes:
„Mediterranean. The Continuity of Man“,
Niederländisch und Englisch, Hannibal Publishing, Veurne (Belgien), 2015, 192 Seiten, 35 Euro

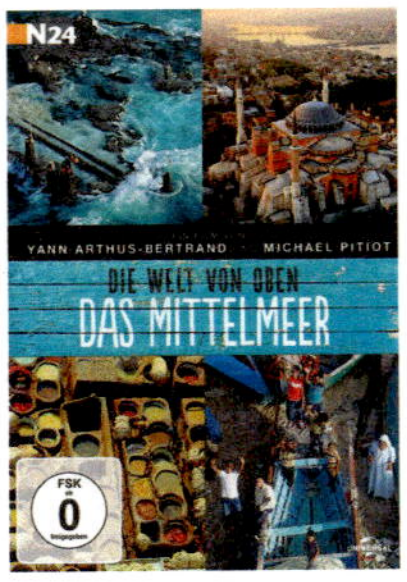

Yann Arthus-Bertrand:
„Die Welt von oben. Das Mittelmeer“,
Universal Pictures Germany, Hamburg, 2015, DVD/BD, 84 Minuten

Sirtaki zwischen Zapfsäulen

Eine DVD und ein Bildband zeigen die ganze Vielfalt der Länder des Mittelmeers aus höchst unterschiedlichen Perspektiven

DAS *MARE MEDITERRANEUM* IST mehr als ein Meer: Historisch Wiege der Zivilisation, aber auch dreier Weltreligionen, repräsentiert es heute im Westen vor allem einen gewissen Lebensstil – das Savoir-vivre, wo man es sich mithin gutgehen lässt.

Natürlich weiß man auch um dessen Schattenseiten, aktuell etwa die Griechenlandkrise oder das tragische Schicksal der Flüchtlingsboote. Und spätestens im Nachklang des Arabischen Frühlings rückt auch die arabisch bestimmte Sphäre mit Ägypten, Libyen oder Syrien in den Fokus – Staaten, in denen statt des Laisser-faire religiös-politische Machtkämpfe bis hin zum Bürgerkrieg das Geschehen bestimmen. Diesen weiten Bogen, angefangen von frühen Höhlenmalereien über die Geburt der Zivilisation als Grundlage westlichen Denkens bis hin zu gegenwärtigen Glaubenskriegen, versucht Filmemacher Yann Arthus-Bertrand in seiner TV-Dokumentation „Die Welt von oben. Das Mittelmeer“ zu spannen: streng von oben, also in Drohnenperspektive, das Meer und seine Menschen abtastend.

Seine, zugegeben, zum Teil spektakulären Luftaufnahmen erlahmen allerdings im Überflug von 84 Minuten schnell an der selbst verordneten Oberflächlichkeit; allzu viele Slow Motions von Bergmassiven, Küstenstrichen, urbanen Großräumen oder animierten Karten machen das Auge müde, oder schlimmer: ebnen Widersprüchliches in stets dieselbe Ästhetik ein. Getragen wird das Ganze durch die Stimme von Sprecher Christian Brückner, dessen Narration allein die inhaltliche Tiefe leisten muss.

Ihre Stärke spielt Arthus-Bertrands Drohnenperspektive immer dann aus, wenn sie nah genug über die Welt schwebt, etwa über den genutzten Dächern von Wohnhäusern – wenn die Kamera en passant alltägliches Leben erfasst; damit aber auch ziemlich dreist in Privatsphären dringt, Menschen zeigt, die sich

Feiern, trotzdem: griechische Tankstellenhochzeit

der Aufnahme nicht bewusst sind. Und hier zeigt sich denn auch der eigentliche Schwachpunkt: Arthus-Bertrand bleibt stets außerhalb dessen, was er zeigt – ganz anders als der belgische Fotograf Nick Hannes, der von 2010 bis 2014 den mediterranen Raum bereiste, sich mit seiner Kamera den Menschen real näherte – als Ausstellung und Katalog unter dem Titel „The Continuity of Man“.

Sein Zugang liefert sozusagen den Gegenpol zu Arthus-Bertrands Luftperspektive, nämlich einen Blick auf Augenhöhe: bewusst gewählte Momente, subjektive Ausschnitte, die gerade dadurch ihre ganz eigene Kraft entfalten. Bilder von Spielplätzen, Parkplätzen, Imbissständen, Demonstrationen, Partys oder Randexistenzen in Seitenstraßen, in die (noch) keine Drohne blickt. Der Unterschied liegt nicht zuletzt in der Herangehensweise: Will

Mit geschärftem Blick: Nick Hannes' Bild einer Strandurlauberin in Saint-Tropez, Frankreich

man das Leben (von oben) erfassen oder vor Ort Situationen festhalten, die zunächst immer für sich selbst stehen?

Hannes' Bilder von Golfplätzen inmitten karger Landschaft, Popcornständen vor antiken Ruinen oder Kaffeehaustischen neben Nato-Draht sprechen zwar eine klare Sprache. Hannes zeigt eine Welt im Umbruch, die Risse in der mediterranen Gesellschaft, Migration und Urbanisierung. Um gleichzeitig mit den Stereotypen zu spielen: „Mein Ziel", so Hannes, „ist es

Arthus-Bertrands Ansicht einer algerischen Stadt

aber, Fotografien zu machen, die nicht in einer Sekunde zu lesen sind."

Am schönsten zeigt dies vielleicht sein Foto einer griechischen Hochzeitsfeier mit Sirtaki zwischen Zapfsäulen: Um Geld zu sparen, hatte der Bräutigam die Gäste zum Fest auf seine eigene Tankstelle einladen müssen. Die Stimmung, so Hannes, sei trotz des glücklichen Anlasses gefärbt gewesen vom Groll gegen die politisch erzwungenen Sparmaßnahmen und gegen Angela Merkel.

Nach eigener Aussage ging es Nick Hannes bei seinem Projekt „The Continuity of Man" um ein Kaleidoskop höchst unterschiedlicher Regionen. Rund 20 Länder grenzen ans *Mare mediterraneum* – Monaco ebenso wie auch Palästinas Gazastreifen.

Roland Brockmann

Knut Egil Wang:
„Southbound",
Journal Verlag,
Stockholm, 2014,
88 Seiten, 65 Euro

Schaumpartys gegen den Winterblues

Viele Norweger flüchten die dunklen Monate und reisen in den Süden. Fotograf Knut Egil Wang hat sie dabei beobachtet

WENN DAS TÄGLICHE DASEIN VOM Dämmerlicht geflutet wird, Lichttherapielampen versagen und der Winterblues dem Gemüt zusetzt, bleibt vielen Norwegern nur die Flucht. „Ich konnt' jeden Tag von meinem Fenster aus den grauen Himmel sehen / darum beschloss ich, irgendwann der Sonne entgegenzugehen." Als hätte Tony Marshall seinen Gassenhauer einst für die Bewohner des Nordens geschrieben. So begeben sich viele Norweger auf die „Straße nach Süden". Rein in den Flieger, raus aus dem Flieger. An den Strand geknallt. Die Winterdepression wird aus dem Körper geschwitzt.

Mit großer Beobachtungsgabe und feinem Humor kreiert der Norweger Knut Egil Wang in seiner Serie „Southbound" einen monolithischen Urlaubskosmos. Die Orte, egal ob in Spanien oder der Türkei, bleiben seltsam unspezifisch. Kulturelle und geografische Unterschiede sind nivelliert. Wangs Landsleute fahren einfach in den Süden, und der soll sich nun einmal durch nichts anderes als sein sonniges Klima auszeichnen. Er trifft Senioren, die der Dunkelheit, mehr noch dem Alleinsein entkommen wollen und Nordic Walking und Aquagymnastik betreiben, auf Parkplätzen provisorische Kegelbahnen errichten und Weihnachtsbasare organisieren. Die Jungen dagegen erkennen fern der Heimat nur einen Vorteil: die Ausschweifung, die sich aus paradiesischen Alkoholpreisen ergibt. Und so werden Schaum- und Mottopartys gefeiert, um danach ohne Erinnerung am Strand aufzuwachen.

Wang beobachtet seine Landsleute mit Humor

Stellt das Reisen im allgemeinem Verständnis einen Prozess des Erkenntnisgewinns dar, sind Wangs Reisende nicht vom Reiz des Neuen getrieben. Lieber tun sie genau die Dinge, die sie zu Hause auch tun. Das wirkt absurd und bitter und entfacht im Betrachter ein Wechselbad der Gefühle.

Den Besuch der spanischen Filiale eines großen schwedischen Möbelhauses krönt eine Touristin mit einem Foto, das sie später Daheimgebliebenen präsentieren wird. Die Stickrunde, die lange Winterabende verkürzen soll, wird selbstverständlich im Sonnenexil fortgeführt. Der aberwitzigste Moment: Zwei Skater sitzen auf einem Steinhügel, das Board dabei. Nur weit und breit keine ebene Fläche, auf der man es nutzen könnte.

Die Klammern des schön gestalteten Fotobands bilden zwei Szenen, an denen ein Mann an einem Strand die Weite des Meerhorizonts filmisch erfasst. Konserviertes Seelenfutter für die Zeit des Nachhausekommens, dann, wenn es wieder dunkel ist.

Peter Lindhorst

Schiffsbuchhandlung Fuchs,
Rödingsmarkt 27,
20459 Hamburg,
www.hafenfuchs.de

„Einen ‚Moby-Dick' hab ich immer"

Vater, Mutter, Tochter – seit 40 Jahren widmet sich im Hamburger Hafen die Familie Fuchs allen Büchern, die von Schiffen erzählen

UNMITTELBAR AN DEN HAMBURGER Landungsbrücken, direkt gegenüber der „Rickmer Rickmers", lag das erste Geschäft der Familie Fuchs. 1975 eröffnet, war es zunächst ein klassisches Souvenirgeschäft: Es gab neben einigen Büchern und Zeitungen Buddelschiffe und Kaffeebecher mit Hamburg-Wappen; es gab schwere Teller mit Schiffsmotiven und Holzbretter, auf denen Seemannsknoten klebten. „Alles, was der Kitsch so hergab", sagt Tochter Maike Fuchs. „Also, bitte", grummelt ihr Vater. Es gab aber auch Ankermesser und den Flottenkalender und Waschpulver in den Mengen, wie sie ein Seemann für unterwegs brauchte.

Und was es auch gab: einen Bestand mit schließlich gut 500 000 Fotos. Analog und Schwarz-Weiß. Nur Schiffe. „Bei uns haben lange Zeitungen und Zeitschriften Bilder gekauft, wenn irgendwo was mit einem Schiff los war; die fuhren mit der Taxe vor, kauften ein Bild, fuhren wieder in die Redaktion", erzählt Gründer Wolfgang Fuchs. Die Reedereien bestückten mit seinen Bildern ihre holzgetäfelten Büros und ihre Archive. Aber auch die Seeleute waren interessiert: „Die gingen ja zur Heuerstelle, unterschrieben ihren Vertrag, erfuhren, wann und in welchem Hafen sie zusteigen sollten. Aber dann kamen sie zu uns und fragten: ‚Wie sieht denn eigentlich das Schiff aus, auf dem ich arbeiten werde?'" Und Wolfgang Fuchs konnte ihnen Papierabzüge verkaufen, die seine Frau Sabine hinten in der Dunkelkammer abzog: für die Angehörigen daheim, für sie selbst, fürs Seefahrtsbuch.

Doch die Zeiten änderten sich. Die Seeleute wurden weniger, bis sie ganz verschwanden. Das Hamburger Hafenviertel wandelte sich vom Wohnviertel zur Amüsiermeile. Mit Souvenirbuden an jeder Ecke. Und die Familie Fuchs baute stetig ihr Buchsortiment aus. Spezialisierte sich auf alles, was auf dem Wasser fuhr. „Das passierte nicht von heute auf morgen. Das war ein langer Prozess", sagt Maike Fuchs. Die eines Tages mit hinter der Kasse stand, nicht mehr das Kind war, das im Hinterzimmer Schularbeiten machte, wie das bei Familiengeschäften üblich ist.

Vor neun Jahren dann der Umzug. In weit größere Räume nebenan am Rödingsmarkt, aber immer noch in Hafennähe, sodass man weiterhin die Kräne sieht, wenn man den Kopf ein wenig reckt. „Als wir hier überall die Regale aufstellten, konnten wir uns nicht vorstellen, dass wir die füllen werden", sagt Sabine Fuchs. Heute reihen sich Bücher und Bildbände längst wieder dicht gedrängt aneinander.

Die Eltern waren auf Schiffsfotos spezialisiert. Maike Fuchs, Inhaberin der zweiten Generation

Der neueste Schwedenkrimi, der in die Schären führt, liegt ebenso bereit wie der altgediente Klassiker. „Einen ‚Moby-Dick' hab ich immer", sagt Maike Fuchs. Schmale Bücher von ehemaligen Kapitänen der DDR-Flotte im Selbstverlag warten ebenso geduldig auf Kunden wie etablierte Lehrbücher übers Segeln. Alles ist vertreten: Reise, Geschichte, Fischfang, Schiffbau, Technik. Wolfgang Fuchs geht zu einem der langen Tische, bringt ein schweres Buch mit, das er nicht wenig stolz aufschlägt: „Das weltweit einzige Standardwerk über Tragflächenboote. Werden noch gebaut. Von den Russen und den Italienern." Der Elbe-Spree-Verlag hat das Buch verlegt. Er zuckt mit den Achseln: „Ich wollte den Verlag nun nicht auch noch Fuchs-Verlag nennen."

Was die Zukunft anbelangt, sind sie daher nicht bange. „Keine Frage, dem Buchhandel geht es nicht gut", sagt seine Frau. Doch zugleich spürten sie hier, dass das persönliche Gespräch wieder gesucht werde, dass man gerade bei ihnen am Tresen Buchwünsche über verschollene U-Boote oder besondere Binnenschifffahrtstypen vortragen und ins Fachsimpeln kommen wolle, anstatt sich alleine am Bildschirm durch die Foren zu klicken. Und dann gäbe es noch immer diese Leute, die in einem Buchladen verschwänden wie andere auf einer paradiesisch-einsamen Insel. Vor zwei Tagen sei so eine Kundin in den Laden gestolpert, fünf Einkaufstüten an jeder Hand, ein Handy an jedem Ohr. „Das hat sie alles fallen gelassen, hat sich zwei Stunden umgeschaut, hat gestöbert, gefragt, gelesen – und war am Ende ganz entspannt", erzählt Maike Fuchs. „Und gut gekauft hat sie auch", sagt ihr Vater.

Frank Keil

Walter Mülich:
„Kreuzende Kurse. Deutsche und chilenische Schiffe als Instrumente der Unterdrückung“,
Kulturmaschinen, Ochsenfurt, 2014, 329 Seiten, 19,90 Euro

Hitler und Pinochet

Ein wichtiges Buch über deutsche und chilenische Folterschiffe

WOHER RÜHREN DIE ASSOZIATIONEN von Schiff, Abenteuer und Freiheit? Aus mangelnder Kenntnis, sagt Walter Mülich und dokumentiert in „Kreuzende Kurse“ die beklemmende Geschichte von Folterschiffen, die einst zwischen Bremerhaven, Lübeck und Valparaíso kreuzten. Er muss die Zusammenhänge keineswegs konstruieren, ankerte doch im Frühjahr 1933 in Bremerhaven ein Minensuchboot, das als „Gespensterschiff“ bekannt war und der Gestapo als Verhörort diente.

Ein Menschenalter später, im Juni 2003, machte an gleicher Stelle die Viermastbark „La Esmeralda“ fest, ein Schiff der chilenischen Marine, das zu einem Freundschaftsbesuch in die Bundesrepublik gekommen war. Anschließend ging es nach Lübeck, wohin man zu Kriegsende Juden auf den letzten Todesmarsch getrieben hatte. Eng verbunden damit das verbrecherische Wirken des SS-Standartenführers Walther Rauff, der sich später über den Atlantik absetzte und General Pinochet Ratschläge für die Errichtung von Gefangenenlagern gab. Nach dem Militärputsch 1973 diente die „Esmeralda“ als schwimmendes Folterzentrum.

Walter Mülich legt eine gut recherchierte, wenngleich nicht durchgängig stilistisch strukturierte Untersuchung vor. Die Geschichte wäre noch eindringlicher geworden, hätte der Autor auf den Heiligenschein des wohlmeinenden und dennoch desaströs agierenden Politikers Salvador Allende ebenso verzichtet wie auf die Legende von der vermeintlich uneigennützig „solidarischen“ DDR. Dennoch: ein Buch, das partiell bislang gefehlt hat.

Marko Martin

Ian Krüger:
„Alleingang“,
Scheyring, Neuss, 2014, 400 Seiten, 13,99 Euro

Terror im Urlaub

Marineoffizier kommt geplantem Terroranschlag auf die Spur

POLITISCH BRISANTE THEMEN KÖNnen in der Belletristik merkwürdige Verzerrungen wie Annahmen nach sich ziehen. Im Fall von Michel Houellebecq und dessen Zukunftsroman „Unterwerfung“ kann man das Ineinandergreifen von Literatur und Realität par excellence ablesen. Ian Krüger provoziert mit seinem Erstlingsroman „Alleingang“ mitnichten, obwohl er das allenthalben debattierte Thema des islamistischen Terrors ins Zentrum seines Thrillers stellt. Um es gleich vorweg zu schreiben: Das Buch bietet nicht unbedingt eine profunde Bestandsaufnahme der komplexen Thematik. Zu vorhersehbar, zu konstruiert und zu kategorisiert sind stellenweise Handlung, Atmosphäre und Figuren geraten.

Dennoch ist das Buch eine eindeutige Empfehlung für jene, die sich im Thrillergenre zu Hause fühlen. Denn Krüger vermag es, die vielen Handlungsstränge, die sich um den Marineoffizier Jan Steiger legen, der im Ägyptenurlaub einem geplanten Terroranschlag auf die Spur kommt, gekonnt zusammenzuhalten. Der Thriller ist in circa 80 kleinere und größere Kapitel getrennt. Ähnlich wie bei der amerikanischen Serie „Homeland“ sind das rasante Erzähltempo und der permanente Wechsel der Schauplätze (Berlin, Ägypten, USA, Schleswig-Holstein) jene ästhetischen Prinzipien, nach denen der Roman bestens funktioniert und durchkomponiert ist, und woraus er seinen Thrill generiert. Angesichts des komplexen Figurenarsenals ist die Personenauflistung samt ihrer Funktion ebenso nützlich wie das nautische Glossar.

Sven Weidner

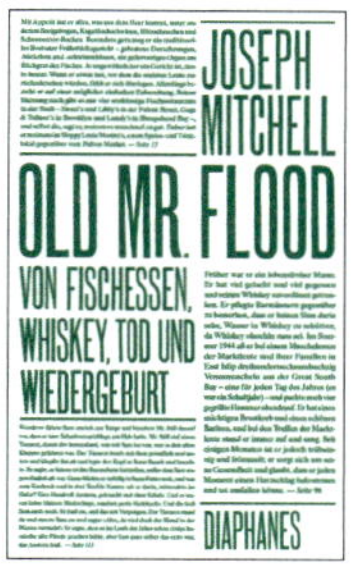

Joseph Mitchell:
„Old Mr. Flood – Geschichten von Fischessen, Whiskey, Tod und Wiedergeburt“,
Diaphanes, Zürich, 2015, 160 Seiten, 14,95 Euro

Am Fischmarkt

Joseph Mitchells Porträt eines weisen Alten in New York

FÜR ZUSAMMENBRÜCHE HATTE JOseph Mitchell ein sicheres Händchen. Es soll der 25. Oktober 1929 gewesen sein, an dem der 21-Jährige von North Carolina nach New York übergesiedelt war, just jener 25. Oktober, der als Schwarzer Freitag in die Geschichte einging. Auf der Flucht vor der Landnot war er im urbanen Elend gestrandet. Doch sein Gespür für Geschichten machte den späteren Chefreporter des „New Yorker“ zum wichtigsten Chronisten der Ostküste. Es waren die Zusammenbrüche, die diesen Aufstieg beschleunigt hatten. Denn Wandel und Untergang waren die Kulissen, vor denen der Autor seine Geschichten entfaltete. Mal als Reportage, mal als Fiktion erzählen sie von den *beautiful losers* in einer sich erbarmungslos modernisierenden Welt.

Hugh G. Flood war so einer. Der 93-jährige Abbruchunternehmer ist der Protagonist aus Mitchells 1948 erschienener Erzählung „Old Mr. Flood“. Ein runzeliger Alter, der seine Tage damit verbringt, über den Fulton Fish Market zu flanieren. In dieser verfallenden Hafengegend pickt er Fischgerichte, Anekdoten oder kleine Gedanken auf. Flood ist ein vom Aussterben bedrohter Homo americanus – baptistisch, integer und moralisch. Wie Mitchell trotzt er den Zeiten mit Hedonismus und Willenskraft. Er ist die Verkörperung von Trotz und Trotzdem. Ein alter Herr, der wacker gegen Selbstmitleid und Melancholie ankämpft. Und der ganz nebenbei über Seiten hinweg von den köstlichsten Fisch- und Muschelgerichten erzählen kann, von denen man je in amerikanischen Short Storys gelesen hat.

Ralf Hanselle

Jon Klassen:
„Das ist nicht mein Hut“,
Nord-Süd, Zürich, 2014, 40 Seiten, 15,95 Euro

Jens Rassmus:
„Ein Pflaster für den Zackenbarsch“,
Nilpferd in Residenz, St. Pölten, 2014, 72 Seiten, 16,90 Euro

Julie Fogliano, Erin E. Stead:
„Wenn du einen Wal sehen willst“,
Fischer Sauerländer, Frankfurt, 2014, 32 Seiten, 14,99 Euro

Chen Jianghong:
„Der kleine Fischer Tong“,
Moritz, Frankfurt, 2014, 48 Seiten, 18 Euro

Von Fischern und Fischen

Vier großartige Kinderbücher zeigen nicht nur die Vielfalt des Meeres, sondern auch die Breite künstlerischer Fantasie

NACH SEINEM ERFOLG MIT „WO ist mein Hut“ hat sich Jon Klassen für einen besonderen Schauplatz entschieden. „Ich kam auf die Idee, die Geschichte unter Wasser spielen zu lassen. In den Tiefen des Ozeans ist es sehr dunkel, und außerdem mochte ich den Gedanken, Fische als Hauptfiguren zu nehmen. Sie sind leichter als andere Tiere zu zeichnen, und es gibt sie in vielen, verschiedenen Größen“, so der Caldecott-Medal-Preisträger. **„Das ist nicht mein Hut“** ist eine Art Unterwasserkrimi. Der kleine Fisch hat einem großen Fisch den Hut gestohlen und berichtet von seiner Tat. Text und Bild stehen in einem spannungsreichen Verhältnis zueinander. Während der Dieb in einem inneren Monolog über den Diebstahl räsoniert, zeigen die stilsicheren, minimalistischen Illustrationen den großen Fisch dabei, wie er sich rächt. Im Algendickicht bleibt dieser Akt verborgen. Faszinierend, wie Klassen über die Darstellung der Augen fast alles transportiert, was an Ausdruck nötig ist.

Ebenfalls unter Wasser, aber in viel bunteren Farben und mit neun humorvollen Geschichten begeistert Jens Rassmus in **„Ein Pflaster für den Zackenbarsch“**. Der Doktorfisch hat seine erfolgreiche Praxis unter einer Buschkoralle. Mit Muschelhandy und seinem Assistenten, dem Kofferfisch, kann er kranken Meeresbewohnern helfen – ob der Wal an Bauchweh leidet, die Kraken sich ihre Tentakel verknoten oder der Hai eine Geburtstagsfeier der besonderen Art feiert. Malerische Acrylbilder, lebendige Dialoge und zwei sympathische Hauptfiguren ergeben die richtige Mischung. „Ich liebe das Meer, allerdings hauptsächlich vom Ufer aus. Auf den Horizont schauen, den Wellen und den Möwen zuhören, nachdenken, träumen und kleine Steinchen ins Wasser werfen. Alles ist klar und einfach geregelt – nur Himmel, Wasser und Strand“, so der Kieler Illustrator.

Regeln, um endlich das Ersehnte zu erleben, gibt es jede Menge in **„Wenn du einen Wal sehen willst“**. Julie Fogliano erzählt vom Geduldigsein. Der kleine Junge träumt von einem riesigen Wal und entdeckt ihn scheinbar überall – ob als Hügel, Wolke oder kleiner Vogel –, bis er mit seinem Hund und einem kleinen Boot aufs Meer hinaus rudert und tatsächlich für sein Warten belohnt wird. Erin E. Stead arbeitet in einer besonderen Technik. Ihre luftig-leichten Illustrationen in hellen Farbtönen entstehen mit Stempel, Pastellkreide und Buntstift. „Dieses Bilderbuch schafft eine Atmosphäre, in der man gut leben kann. Dabei ist der schlichte und doch poetisch aufgeladene Ton eine wirkliche Besonderheit“, so der Übersetzer Uwe-Michael Gutzschhahn.

Ein ganz besonderer Bilderbuchkünstler ist Chen Jianghong. Mit seinen Werken trifft er existenzielle Gefühle und verstört oder begeistert ganz und gar. **„Der kleine Fischer Tong“** ist die fesselnde Geschichte von einem Kind, das alleine lebt und eines Tages zum Fischen aufs Meer fährt, obwohl sein verstorbener Vater es gewarnt hat: „Man darf nie aufs Meer hinaus, wenn die Wolken schwarz wie Ruß sind und die Vögel ans Ufer flüchten.“ Tatsächlich erlebt Tong etwas zunächst Grauenvolles. Auf hoher See stellt sich heraus, dass sein Fang ein furchterregendes, lebendiges Skelett ist. Zurück an Land, nähern sich die beiden einander an, und Tong bekommt in mystisch-märchenhafter Weise seinen Vater zurück. „Es gibt einen Philosophen aus dem neunten Jahrhundert mit Namen Zhuang Zi, der mich beim Schreiben inspiriert hat, sowie ein Gemälde aus dem zwölften Jahrhundert“, so der grandiose Künstler, der in Paris lebt und stets in traditioneller chinesischer Illustrationstechnik arbeitet: Tusche auf Reispapier. Nicht nur seine Darstellung des Fischernetzes voller bunter, prächtiger Fische bleibt lange in Erinnerung.

Antje Ehmann

Der chinesische Künstler Chen Jianghong arbeitet traditionell mit Tusche auf Reispapier

An dieser Stelle berichtet **mare** *regelmäßig über neue Bücher aus dem* **mare**-*Verlagsprogramm*

Weltliteratur, 130 Jahre verschollen

Arthur Conan Doyle hat ein Tagebuch einer Arktisreise geschrieben. mare-Übersetzer Alexander Pechmann erzählt von dem großen Fund

ARTHUR CONAN DOYLE, ERFINDER des unsterblichen Sherlock Holmes, ist mir immer schon wie ein besonders vertrauenswürdiger Herr vorgekommen. Seit ich im Alter von neun oder zehn Jahren seinen Roman „Die vergessene Welt" regelrecht verschlungen habe, bin ich stets bereit gewesen, sogar seine fantastischsten Einfälle für bare Münze zu nehmen. Ich zweifle ebenso wenig daran, dass irgendwo im Dschungel Südamerikas ein Hochplateau existiert, auf dem Dinosaurier das Aussterben ihrer Art überlebt haben, wie an der Möglichkeit, unsichtbare Elfenwesen fotografieren und Kontakt mit der Geisterwelt aufnehmen zu können.

Ob Conan Doyle nun Abenteuer- oder Detektivgeschichten, historische Romane oder Reiseberichte verfasste, das, was er mit scheinbarer Leichtigkeit zu Papier brachte, hatte nie den faden Beigeschmack der Werke eines weltfremden Schreiberlings. Alles, was ich seit meiner Kindheit von ihm gelesen habe, wirkt auf mich authentisch – als hätte er das Geschilderte tatsächlich erlebt, empfunden und gesehen.

Trotz dieses, zugegeben, etwas naiven Bildes des Autors als Draufgänger mit tollkühn gezwirbeltem Schnurrbart und obwohl ich durchaus eine vage Vorstellung von seinem Lebenslauf, seiner Herkunft, seinem Medizinstudium und seiner kurzen Tätigkeit als Arzt hatte, war ich doch sehr überrascht, als ich im Sommer 2012 auf die Zeitungsmeldung stieß, man habe ein verschollen geglaubtes Tagebuch entdeckt, in dem ein junger Conan Doyle nicht nur die Erlebnisse einer mehrmonatigen Reise in die Arktis notiert, sondern dazu auch noch eigenhändig Zeichnungen angefertigt hatte. Die Abbildung zu dem Zeitungsartikel fesselte mich auf den ersten Blick: Ich ahnte, dass hier ein herrliches Abenteuer auf mich wartete. Die große Faksimileausgabe der British Library, die im selben Jahr publiziert wurde, bestätigte meine Vorahnung und übertraf meine Hoffnungen.

Conan Doyles arktisches Tagebuch entpuppte sich als reizvolles Frühwerk eines weltoffenen, neugierigen, humorvollen und abenteuerlustigen Mannes, das bereits erste Keimzellen künftiger Erzählkunst enthielt. Eine seiner unheimlichsten Geschichten, „Der Kapitän der ‚Pole-Star'", wäre ohne die persönlichen Reiseerfahrungen des Autors wohl nie geschrieben worden, und auch einige Fälle von Sherlock Holmes lassen den unmittelbaren Einfluss der Erlebnisse unter Robbenjägern und Walfängern erkennen. Arthur Conan Doyle, der als junger Schiffsarzt vom alten Walfängerhafen Peterhead aus in See stach, war kein reiner Chronist oder unbeteiligter Beobachter; er teilte das harte Leben seiner Kameraden, ihre mühsame Arbeit, ihre schlichten Vergnügungen und ließ sich auch von dem ein oder anderen Sturz in die eisigen Fluten des Polarmeers nicht entmutigen. Er scheute kein Risiko, spürte die Faszination der Jagd nach dem Wal, aber auch Mitleid mit der gejagten, offensichtlich intelligenten Kreatur.

Arthur Conan Doyle:
„Heute dreimal ins Polarmeer gefallen.' Tagebuch einer arktischen Reise",
aus dem Englischen von Alexander Pechmann, 336 Seiten, 28 Euro

Conan Doyles wachem Interesse an den Tieren der arktischen Regionen stand das noch relativ geringe Wissen seiner Zeit gegenüber. Entsprechend stellten die Namen der erwähnten Lebewesen eine der größten Herausforderungen bei der Übersetzung des Tagebuchs dar. Die englische Ausgabe bot keine Informationen darüber, welche Seevögel sich hinter Bezeichnungen der schottischen Matrosen wie „Maulie", „Boatswain" und „Burgomaster" verbargen – Eissturmvogel, Felsenraubmöwe und Eismöwe sind nur drei von fast 30 erwähnten Arten. Auch bedurfte es langwieriger Recherchen, um herauszufinden, dass „flaw rats" nichts anderes als Ringelrobben und „bladders" Klappmützenrobben waren; und wer würde hinter einer Meeresschnecke namens John Thomas einen See-Engel vermuten?

Dergleichen Rätsel wurden den deutschsprachigen Lesern zuliebe gelöst, sodass Arthur Conan Doyles „Tagebuch einer arktischen Reise" nicht nur den Spezialisten, sondern jedem zugänglich wird, der sich für diesen Autor, seine Zeit, seine Welt, die Arktis, die Seefahrt oder einfach für das ganz große Abenteuer begeistern kann.

„Exotica, Erotica, etc.",
Regie: Evangelia Kranioti,
Dokumentarfilm,
Frankreich, 2015,
73 Minuten

„Jun Zhong Le Yuan –
Paradise in Service",
Regie: Doze Niu Chen-Zer,
Spielfilm,
Taiwan, 2014,
133 Minuten

„Love & Mercy",
Regie: Bill Pohlad,
Spielfilm,
USA, 2014,
122 Minuten

„Sume – Mumisitsinerup Nipaa,
Sumé – The Sound of a Revolution",
Regie: Inuk Silis Høegh,
Dokumentarfilm,
Grönland, Dänemark, Norwegen, 2014,
73 Minuten

Berlinale 2015: Fest der Randständigen

Zwei Dokumentarfilme und zwei Spielfilme lassen uns mit Huren, Matrosen, Musikern und Politaktivisten mitleiden und mitlieben

„Exotica, Erotica, etc."

Eine Künstlerin befährt auf Containerschiffen die Welt, 16 Länder besucht sie. Das ist ein visuelles Ereignis erster Güte, noch nie hat man Frachtschiffe so ästhetisch dargestellt gesehen. Evangelia Kranioti filmt nicht nur an Bord, sondern auch in Spelunken und Bordellen. Seeleute erzählen von ihren Sehnsüchten, und eine alte Hure blickt auf ihr Leben zurück, mit einem rührenden Faible für die salzige Haut der Matrosen und griechische Männer, die als Einzige als Liebhaber taugen. Es ist ein sentimentaler Blick auf eine Zeit, als die Seefahrt menschlicher war und Matrosen Muße für Landgänge hatten.

„Paradise in Service"

Ein Bordell ist auch die Hauptlocation dieses Spielfilms, der in den 1960er-Jahren auf einer kleinen taiwanischen Insel vor der chinesischen Küste angesiedelt ist. Taiwan wird von Maos Truppen bombardiert, eine Eliteeinheit wird auf der Insel stationiert und wehrt die Angriffe ab. Pao, ein junger Soldat, taugt nicht recht für die harten „Sea Dragons" und wird in die „Einheit 831" versetzt, ein Deckname für Soldatenbordelle, die es tatsächlich gab. Die Huren sind Häftlinge, die mit dieser Arbeit ihre Strafe verkürzen. Der naive Pao bekommt die Bedürfnisse, Nöte und Verstrickungen der Soldaten und Huren hautnah mit und wandelt sich vom staunenden Jüngling zum lebensklugen Mann. Dem Regisseur, der schon zum dritten Mal in der Sektion „Panorama" einen Film präsentiert, ist ein überragend erzähltes und optisch verdichtetes Stück Zeitgeschichte gelungen.

„Love & Mercy"

Als der Streit um Pop und Kunst in der Band ausbricht, fällt der Satz: „Surfer hören unsere Musik doch gar nicht." Die Geschichte der Beach Boys, der berühmtesten Vertreter des kalifornischen Surf-Sounds, ist auch ein grausames Missverständnis. Brian Wilson, der Genius der Familienbande, ist deren tragische Figur. „Love & Mercy" erzählt sein Ringen mit dem perfekten Arrangement, mit leichtherzigen Bandgenossen, Drogen und psychischer Krankheit in einem klug arrangierten Bilderbogen aus früher Schaffensphase und später Befreiung. Getragen von zwei Darstellern, Paul Dano als junger und John Cusack als älterer Künstler, die jeder Seelenpein und jedem Erfüllungsmoment bewegend nachspüren.

„Sumé – The Sound of a Revolution"

Musik als Motor einer Gegenkultur – dass diese Gleichung noch ein paar Unbekannte birgt, erzählt die Dokumentation „Sumé – The Sound of a Revolution". In den 1970er-Jahren war Sumé die erste Band, die grönländisch sang, und wurde damit zum Sprachrohr junger Grönländer, die sich gegen die dänische Verwaltung ihres Heimatlands stellten. Als gefeierte Widerständler tourten Sumé durch Grönland, gaben ihrem Volk die eigene Sprache zurück und befeuerten den Geist, die Autonomie zu erstreiten. Der grönländische Regisseur Inuk Silis Høegh, als Erster seines Landes jemals auf der Berlinale vertreten, hat Unmengen an privaten Filmdokumenten gesammelt und gesichtet, um diese Geschichte zu erzählen, und zeigt damit nebenbei das damalige Leben auf der arktischen Insel so unverfälscht und ehrlich, wie es selten zu sehen war.

Zora del Buono, Martina Wimmer

Richard Wagner:
„Der Fliegende Holländer“,
Inszenierung Opernhaus Zürich,
Deutsche Grammophon,
Berlin, 2015,
DVD/BD, 139 Minuten

„Nirgends ein Grab! Niemals der Tod!“

Eine DVD zeigt die hinreißende Zürcher Inszenierung von Richard Wagners „Fliegender Holländer“ unter Regie von Andreas Homoki

„WIE OFT IN MEERES TIEFSTEN Schlund stürzt ich voll Sehnsucht mich hinab! Nirgends ein Grab! Niemals der Tod!“

Verflucht, verdammt, rastlos auf den sieben Meeren umherirrend, auf der Suche nach dem „Heil“, der Erlösung, die ihm nur durch den Treueschwur einer Frau geschehen kann: Das ist der „Fliegende Holländer“ Richard Wagners, verkörpert in Zürich durch den walisischen Bassbariton Bryn Terfel. Eine Traumbesetzung! Stimmgewaltig und doch hoch differenziert artikulierend – jeder Vokal, jeder Konsonant ist perfekt gebildet und feinsinnig mit Bedeutung aufgeladen –, erscheint Terfel als dämonischer Riese im Zottelpelz und bringt die durchorganisierte Welt des Handelskontors Daland ins Wanken.

Alle drei Akte dieser „romantischen Oper“ spielen in den dunkel getäfelten Büroräumen einer Schifffahrtsgesellschaft am Ende des 19. Jahrhunderts. Auch ohne Mastwerk, Taue und Ölzeug entstehen dank Andreas Homokis großartiger Chor- und Lichtregie gespenstische Tableaus, die überzeugen. Urplötzlich flackert das Licht, Boden und Wände scheinen zu schwanken wie ein Schiffsdeck, sobald die Spukgestalt des Holländers aus dem Nichts auftaucht. Mit Furcht einflößender Kraft zeigt Terfel die Qualen dieses Seemanns, seinen Schmerz, seine verzweifelte Suche nach menschlicher Nähe. Terfel bildet das überragende Gravitationszentrum dieser Inszenierung, mit der Homoki sein Regiedebüt als Intendant des Zürcher Opernhauses im Dezember 2012 gab.

Mit herrischem Ton gestaltet Matti Salminen den habgierigen Reeder Daland, der im Handumdrehen bereit ist, für ein paar Kisten Gold und Perlen seine einzige Tochter Senta an einen Unbekannten zu verhökern. Schon seit Kindertagen hat sich diese aus der Enge ihres gefühlskalten Elternhauses in eine romantische Gegenwelt geflüchtet. Besessen von dem Gedanken, den bleichen Seemann ihrer Träume durch ihre Liebe zu erlösen, wirft sie sich dem fremden Gast an die Brust. Anja Kampe durchglüht mit ihrem herrlichen Sopran alle Facetten der jungen, verwirrten Frau, die sich mit einem Gewehrschuss tötet, da ihr spukhaft erschienener Erlöser so plötzlich verschwunden ist, wie er erschienen war. Und dann ist da noch Erik, der verzweifelt um Sentas erloschene Liebe kämpfende, vom Chor verspottete Verlierer, mit hell timbriertem Tenor überzeugend gesungen und dargestellt von Marco Jentzsch. Der junge Franzose Alain Altinoglu leitet die Philharmonia Zürich sicher durch die Partitur.

Im Gegensatz zu William Turner, der sich an einen Mast binden ließ, um authentische Sturmbilder malen zu können, konnte Wagner bei der Komposition seiner Oper auf Sturmerfahrungen zurückgreifen, die er unfreiwillig machte. Wieder einmal auf der Flucht vor Gläubigern, geriet er im Sommer 1839 mit seiner Frau Minna und seinem Neufundländer Robber auf dem Zweimaster „Thetis“ im Skagerrak in gewaltige Stürme und war hilflos „dem Meeresungetüm preisgegeben“. Nach seiner Ankunft in Paris schrieb Wagner 1841 innerhalb von sieben Wochen Libretto und Musik zu seiner vierten und kürzesten Oper, dem „Fliegenden Holländer“. Hier zu hören und zu sehen in einer hervorragenden Inszenierung auf DVD.

Elke Seifert

Im Netz

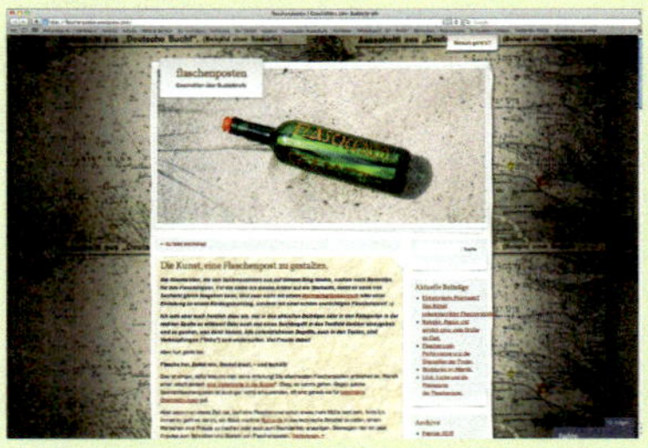

flaschenposten.wordpress.com/

Flaschenpost-Tipps für Anfänger

Wie baue ich eine seetüchtige Flaschenpost? Welchen Stift muss ich nehmen, damit die Post lesbar bleibt? Welche Strömungen können die Post wohin tragen? Flaschenpostromantik, Flaschenpostgeschichte, Austausch von Flaschenpostnachrichten, ja, auch Flaschenpostkunst haben auf dieser Website ihren Platz. Flaschenpost ist nicht einfach nur „Flasche her, Zettel rein, Deckel drauf“, sondern eben doch noch viel mehr.

Wiebke Böse

Im Deckchair

Ein persönlicher Tipp von Stephanie Haack, Presse im mareverlag

Benji Davies:
„Nick und der Wal“,
ab vier Jahre, Aladin,
Hamburg, 2014,
32 Seiten, 12,90 Euro

Beim Erwerb der passenden Lektüre für Kinder sollte man unbedingt berücksichtigen, dass nicht nur die kleinen Menschen Spaß damit haben, sondern auch die großen – die müssen schließlich noch mal und noch mal vorlesen. Das aktuelle Nochmalundnochmal-Vorlesebuch in unserem Haushalt heißt „Nick und der Wal“: Nicks Papa ist Fischer und von früh bis spät unterwegs. Derweil trödelt Nick durch den Tag. Bei einem seiner Streifzüge am Strand findet er einen kleinen Wal. Natürlich weiß er, dass sich ein Wal an Land nicht wohlfühlt – was nun? Er nimmt ihn mit nach Hause, steckt ihn in die Badewanne und legt sich mächtig ins Zeug: Nick erzählt ihm Geschichten, legt Händels Wassermusik auf und teilt mit ihm sein Abendbrot. Aber was wird Papa sagen, wenn er den Wal in der Wanne entdeckt …? „Nick und der Wal“ ist eine anrührende Vater-Sohn-Geschichte mit hinreißenden Bildern voller witziger Details.

Neptuns Gärtner

Er sucht, schneidet und säubert. Bei jedem Wetter. Der einzige Meeresalgenschneider der Niederlande beliefert Spitzenköche. Und das nur, weil er seinen Job als Fischer verloren hat

Text: Ellen Scholtens Fotos: Jan Luijk

Seit anderthalb Jahren ist Jan Kruijsse aus dem Fischerdorf Yerseke im westholländischen Meeresarm Oosterschelde der Einzige in den Niederlanden, der eine Genehmigung zum Ernten wild wachsender Algen besitzt. Kruijsse schneidet das ganze Jahr über, auch bei Windstärke acht oder mitten im Winter. Manchmal, wenn es bitterkalt ist, trägt er Handschuhe. „Aber das ist eher ein Nachteil, weil man nicht genau spürt, an welcher Stelle man schneiden muss."

Die Gezeiten bestimmen, wann er morgens aufstehen muss. Letzte Woche bedeutete „morgens": um halb zehn; denn da war Ebbe. Diese Woche muss er Viertel vor sechs anfangen.

Der einzige Wildalgenschneider des Landes – er ist Mitte fünfzig – muss sich mit dem begnügen, was die Natur für ihn bereithält. Riementang, bekannt als Meeresspaghetti *(Himanthalia elongata)*, etwa. Meistens findet man davon nur ein paar Fäden. „Wenn ein Koch ein Kilo davon bestellt, dann hab ich ein echtes Problem."

Nordwestwinde drücken den Tang an die Küste. Bei Sturm aus dem Westen kann alles auf einen Schlag weggerissen werden. Er hofft jeden Tag, dass ein südöstlicher Wind weht.

Bevor Kruijsse Meeresalgenschneider wurde, war er sein halbes Leben lang Fischer. „Als ich ein kleiner Junge war, habe ich mich den ganzen Tag am Wasser herumgetrieben. Und als ich 18 wurde, bin ich zur See gefahren. Das ist bei uns das Normalste von der Welt, das steckt in jedem drin. Aber nachdem ich 24 Jahre in der Oosterschelde und im Wattenmeer nach Herzmuscheln gefischt hatte, war es damit vorbei. Die Regierung hat bestimmt, dass nicht mehr mechanisch nach Herzmuscheln gefischt werden durfte. Es wurden nur noch zehn Genehmigungen zum Muschelfang per Hand ausgegeben. Und ich war nicht dabei."

Just zu diesem Zeitpunkt schlug ihm sein Onkel vor, dessen Betrieb zu übernehmen, in dem Knotentang *(Ascophyllum nodosum)* für den Austernhandel geschnitten wurde. Dort werden sie zur Polsterung für den Transport gebraucht. Damit schien der Fischer eine neue Zukunft gefunden zu haben. „Bis ich auf einer Börse einen japanischen Stand sah, an dem alle möglichen Sorten von Algen verkauft wurden. An meinem Stand gab es nur Knotentang, und ich dachte mir: Warum verkaufen wir eigentlich nicht mehr Sorten?"

Jan Kruijsse erlangte bei der Provinz Zeeland die Genehmigung, essbare Meeresalgen zu schneiden und damit zu handeln. Dafür musste er nachweisen, dass die Lebensmittelsicherheit gewährleistet sein würde. „Die Analysen ergaben, dass

Drahtalge
Saison: bei mildem Winter das ganze Jahr über
Geschmack: knackig und leicht salzig
Zubereitung: wird roh gegessen, gelegentlich mit Zitronensaft beträufelt
Passt gut zu: cremigen Pürees

Sägetang
Saison: das ganze Jahr über
Geschmack: salzig-nussig
Zubereitung: kochen oder mit Olivenöl und Sesamsamen als Chips im Ofen backen; ist anfangs zäh, wird aber bei Zubereitung weicher
Passt gut zu: Gemüse, kombiniert mit Sojasauce

Von links unten im Uhrzeigersinn: Meersalat mit Horntang, Riementang, Drahtalge, Sägetang, Japanischer Beerentang, Wakame

Beim Schopf gepackt: Jan Kruijsse zieht seine Beute aus dem Wasser. Algen möchte er künftig auch in Pulverform verkaufen

die Oosterschelde wegen ihres A-Status als Naturreservat unglaublich sauber ist. Danach habe ich den Schritt gewagt und wurde darin bestärkt, als sich Sterneköche aus der Gegend wie Edwin Vinke und später auch Sergio Herman äußerst interessiert zeigten, die Meeresalgen in ihrer Küche zu verwenden."

So hat alles angefangen. Nachdem er alle verfügbaren Informationen gesammelt hat, ist Kruijsse zu einem Kenner der in der Oosterschelde vorkommenden grünen, braunen und roten Makroalgen geworden, deren jede ihre eigenen Eigenschaften besitzt. Je tiefer und kälter, desto schneller wächst Wakame. Für Meersalat *(Ulva lactuca)* gilt: Je mehr Sonnenlicht, desto schneller wächst diese Algenart. Bei schönem Wetter kann sie an die zehn bis zwölf Zentimeter am Tag wachsen.

„In der Oosterschelde findet man bis zu 150 Arten von Meeresalgen, und fast alle von ihnen sind essbar. Das wissen auch andere, und doch wird relativ wenig illegal geschnitten und gepflückt. Das kommt daher, dass die Algen überall und nirgends sein können. Das hängt weitgehend vom Wetter und der Strömung ab. Die Verbreitung über die Sporen richtet sich nach den Gezeiten."

Jan Kruijsse schneidet ungefähr 15 verschiedene Algensorten – „Affenhaare", wie die Einheimischen hier sagen – auf Bestellung. Von der knackigen Drahtalge *(Chaetomorpha linum)*, dem Sägetang *(Fucus serratus)*, Wakametang bis zum Japanischen Beerentang *Sargassum muticum*, dem Irisch Moos *(Chondrus crispus)* und dem Meersalat.

Der Rote Horntang *(Ceramium virgatum)* ist ein perfekter Salzersatz. Rotalgen eignen sich ausgesprochen gut als natürliches Bindemittel. Dasselbe gilt für das Irisch Moos, das so viel Carrageen enthält, dass es beim Aufkochen als Bindemittel wirkt. Wakame, eine Seetangart, die bis zu zwei Meter lang werden kann, wird aus demselben Grund bei der Herstellung von Trinkschokolade verwendet.

Wie immer hat die Gastronomie als Erstes auf die neuen Produkte reagiert. Kruijsse: „Manchmal wird mir ganz anders, wenn ich sehe, was die Köche alles mit den Algen anstellen. Sowohl frisch als auch in Pulverform. Einige Köche, die sich damit auskennen, erhitzen die Algen selbst. Manche Algen kann man bis maximal 40 Grad erhitzen, andere überhaupt nicht."

Einer der Pioniere war Edwin Vinke von „De Kromme Watergang". Der Sternekoch hat das Kochsalz aus seiner Küche verbannt und verwendet stattdessen Algen und gefiltertes Oosterscheldewasser. Er reibt sogar Rindfleisch mit Algenpulver ein, um dem Fleisch einen nussigen, salzigen Geschmack zu geben. Der Mann aus Hoof-dplaat besitzt auch ein eigenes Aquarium im Kühlraum, um die Algen frisch zu halten.

Ein anderer Großverbraucher ist Chris Naylor vom Amsterdamer Sternerestaurant „Vermeer". Eine der Zubereitungen, die seinen Ruhm begründet haben, ist getrockneter und frittierter Meersalat, dessen Geschmack Kennern zufolge an weiße Trüffel erinnert.

Auch in dem Restaurant „DeliCees" im südholländischen Dordrecht wird mit Meeresalgen gearbeitet: Zum „angesengten" Kabeljau mit gebratenen Speckwürfeln werden Heringsrogen und knusprige Drahtalgen serviert. ➢

Wakame
Saison: Mai bis Juni
Geschmack: nussig
Zubereitung: Fisch darin einwickeln und im Ofen garen
Passt gut zu: Fisch, aber auch zu Schokolade

Roter Horntang
Saison: Juli bis Dezember
Geschmack: fruchtig, Struktur erinnert an Queller
Zubereitung: roh verarbeiten, kurz dünsten oder als Tempura frittieren; getrocknet und als Pulver ein guter Salzersatz
Passt gut zu: vielen Kombinationen, sowohl herzhaft als auch süß

Meersalat
Saison: Juni bis Dezember
Geschmack: zart salzig
Zubereitung: roh mit etwas Olivenöl; kurz dünsten oder blanchieren
Passt gut zu: Schalen- und Krustentieren

Irisch Moos
Saison: Juli bis Oktober
Geschmack: salzig
Zubereitung: kochen, um es als Bindemittel zu verwenden (die bindenden Stoffe lösen sich im Wasser), oder als Chips frittieren
Gut zu verwenden: in Puddings oder Aspik

Japanischer Beerentang
Saison: April bis November
Geschmack: würzig
Zubereitung: blanchieren, dünsten oder als Tempura frittieren
Passt gut zu: Kartoffeln und Fisch

Reich geworden mit der Sammelei ist Kruijsse noch nicht. „Ich bin noch am Anfang", sagt er, was die Umschreibung dafür ist, dass es gerade zum Überleben reicht. 150 Gramm Wakame verkauft er für 3,70 Euro. Dafür muss er manchmal lange suchen. Algensammeln ist harte Arbeit. Wahrscheinlich, vermutet Kruijsse, ist er deshalb der Einzige in den Niederlanden. Zwar gibt es hier ein paar Farmen, die Algen künstlich züchten, weniger anstrengend und mit gutem Ertrag, aber das wäre nichts für Jan. Er möchte umherstreifen und seiner Beute nachstellen, wie früher als Fischer.

Wie der Algenschneider sie selbst am liebsten mag? Er antwortet ein bisschen verlegen. „Meine Frau und ich essen zu Hause eigentlich nur Meersalat, den mischen wir fein geschnitten unter den normalen Salat. Man muss lernen, ihn zu essen, sagen wir immer. Sei es auch nur, weil er so gesund ist. Meersalat enthält sehr viel Protein. 80 Gramm am Tag, und man hat alles, was man braucht. So reich sind die Meeresalgen."

Aus dem Niederländischen von Andreas Gressmann

Ellen Scholtens, Jahrgang 1961, lebt als freie Journalistin in Rotterdam und schreibt über Essen, Wein und Reisen. Außerdem organisiert sie Gastroveranstaltungen wie das Rotterdamer World Food Festival oder das KunsthalCooking.
Jan Luijk, Jahrgang 1959, ist freier Foodfotograf mit Sitz in Rotterdam. Er publiziert weltweit. Seine Bilderserie über die Meeresalgen ist dort entstanden, wo er geboren ist, in der Provinz Zeeland. „Wo vieles noch unberührt ist und das Wasser der Oosterschelde so wunderbare Dinge schenkt wie diese Meeresalgen."

Frisch auf den Tisch: Algensalat mit Hummer aus der Oosterschelde

Regelmäßig Meer.

Abonnieren Sie **mare** und sichern Sie sich 3 Ausgaben zusätzlich gratis! Einfach auf nebenstehender Postkarte 3 Hefte ankreuzen und heute noch absenden. Noch mehr Hefte finden Sie zur Auswahl unter **www.mare.de**.

Zusätzlich zu **mare** – der Zeitschrift – gibt es auch die Möglichkeit, **mare**-Kalender und/oder **mare**-Bildbände im Abonnement zu beziehen.
Beide erscheinen einmal jährlich im Herbst.

Der **mare**-Bildband „Schottland“

von Dmitrij Leltschuk und Sirio Magnabosco.

Format: 30 mal 26 Zentimeter, ca. 138 Seiten.
Im Abonnement zahlen Sie für den Bildband nur 49 € / 84 CHF statt 58 € / 98 CHF.

Der **mare**-Kalender „Meeresblicke 2016“

Format: 82 mal 58 Zentimeter.
Im Abonnement zahlen Sie für den Kalender nur 40 € / 69 CHF statt 49 € / 84 CHF im Einzelkauf.

Kalendercover: © Chris Burkard/Trunk Archive; Bildbandcover: © Sirio Magnabosco

Bitte ausreichend freimachen, falls Briefmarke zur Hand

Antwort

mare-Service
Postfach 11 10 11
20410 Hamburg

mare kennenlernen

◯ **Ich möchte mare kennenlernen.** Ich erhalte die nächsten drei Ausgaben für nur **20 € / 34 CHF** statt **28,50 € / 49,50 CHF.** Sollte ich zwei Wochen nach Erhalt des dritten Heftes nichts von mir hören lassen, möchte ich **mare** im Abonnement frei Haus für mindestens ein Jahr geliefert bekommen. Ich erhalte dann **mare** zum Vorteilspreis von **51,30 € / 91 CHF** und spare 10 % gegenüber dem Einzelkauf.
MAEW 0001/109

Das mare-Abo

◯ **Ich möchte mare abonnieren.** Ich erhalte dann sechs Ausgaben von **mare** zum Vorteilspreis von **51,30 € / 91 CHF** im Jahr frei Haus und spare damit 10 % gegenüber dem Einzelkauf. **MAEW 0002/109**

Zusätzlich zu den 6 mare-Ausgaben

◯ erhalte ich einmal im Jahr den **mare**-Bildband*
zum Vorteilspreis von **49 € / 84 CHF** statt **58 € / 98 CHF** frei Haus **MAEW 0003/109**

◯ erhalte ich einmal im Jahr den **mare**-Kalender*
zum Vorteilspreis von **40 € / 69 CHF** statt **49 € / 84 CHF** frei Haus **MAEW 0004/109**

◯ erhalte ich einmal im Jahr **mare**-Kalender* und **mare**-Bildband*
zum Vorteilspreis von **89 € / 153 CHF** statt **107 € / 182 CHF** frei Haus **MAEW 0005/109**

Das Abonnement kann ich nach Ablauf des ersten Jahres jederzeit kündigen, zu viel gezahlte Beträge werden zurückerstattet. Die Zusendung meines Dankeschöns in Form von drei schon erschienenen **mare**-Heften erhalte ich nach Zahlungseingang.

* Wenn Ihre Abobestellung mit dem **mare**-Bildband/**mare**-Kalender bis zum 31. 1. 2016 bei uns eingeht, erhalten Sie als erste Ausgabe den Bildband „Schottland" beziehungsweise als ersten Kalender „Meeresblicke 2016".

Zahlungsweise

◯ Ich zahle bequem per Bankeinzug. (Die Einzugsvollmacht kann jederzeit widerrufen werden und erlischt automatisch bei Ende des Abonnements. Gilt nur in D.)

IBAN

Ihr Vorname, Name

Straße, Hausnummer

Land, Postleitzahl, Wohnort

Datum, Ort

E-Mail

Unterschrift

Telefon

Widerrufsrecht: Die Bestellung können Sie innerhalb von 14 Tagen nach Lieferbeginn ohne Begründung per Post an: **mare**-Service, Postfach 11 10 11, 20410 Hamburg, oder per Mail an: service@abo.mare.de widerrufen. Zur Fristwahrung genügt die rechtzeitige Absendung. Ein vorgefertigtes Widerrufsformular können Sie sich gerne unter www.mare.de/widerruf herunterladen.

Kalendercover: © Chris Burkard/Trunk Archive; Bildbandcover: © Sirio Magnabosco

Regelmäßig Meer.

Abonnieren Sie mare und sichern Sie sich 3 Ausgaben zusätzlich gratis! Einfach auf der Postkarte vorne 3 Hefte ankreuzen und heute noch absenden.

Sie können auch zusätzlich die mare-Bildbände und/oder die mare-Kalender im Abonnement beziehen.

+

+

Alle **mare**-Abonnements können Sie auch telefonisch bestellen unter **+49/(0)40/3007-3536** oder per Fax unter **+49/(0)40/3007-85 3536** oder im Internet unter **www.mare.de**.

Ihre Vorteile:

- Pünktliche Lieferung aller **mare**-Produkte frei Haus.
- Sie sparen jedes Jahr bis zu 20 % gegenüber dem Einzelkauf.
- Sie können Ihr Abonnement nach Ablauf eines Jahres jederzeit kündigen.
- Als Abonnent erhalten Sie zusätzlich zu den Heften in regelmäßigen Abständen unsere Hausnachrichten mit den „Geschichten hinter den Geschichten" – Spannendes, Erstaunliches, Erzählenswertes aus der Welt der **mare**-Reporter.

Übrigens:

Mit der dem Heft beiliegenden Geschenkabo-Karte können Sie **mare**-Hefte und **mare**-Kalender und/oder **mare**-Bildbände natürlich auch praktisch verschenken.

mareRadio

Jeden ersten Sonntag im Monat im Nordwestradio

HAMBURG

Sonntag, 12. April, 11.05 Uhr. Wiederholung: 15. April, 21.05 Uhr, und 18. April, 16.05 Uhr

Seit Jahrhunderten gehen hier Menschen aller Kontinente an Land, während elbaufwärts die Hanseaten der Sehnsucht folgen oder dem Lockruf des Geldes. Hamburg war und ist ein Sammelbecken für Fernweh und Heimat – gefüllt auch mit Mythen, Legenden und wahren Geschichten. Heinrich Heine sah auf die „Pfeffersäcke" herab, die „Pfeffersäcke" aufs Volk, und alle gemeinsam liebten die Elbmetropole. Geändert hat sich daran wenig. **mareRadio** geht von Bord und erkundet eine Stadt, die sich nach alten Regeln immer wieder neu erfindet: im Hafen, auf St. Pauli, in den Kontorhäusern und auf den Handelsrouten dieser Welt.

HAVARIE

Sonntag, 3. Mai, 11.05 Uhr. Wiederholung: 6. Mai, 21.05 Uhr, und 9. Mai, 16.05 Uhr

Seeleute wissen es: Das ach so blaue Meer hat auch eine gefährliche Seite: Monsterwellen türmen sich zu unvorstellbaren Höhen auf und schlucken, was sich in ihren Weg stellt; Eisberge driften Schiffen in die Bahn; Container, die von Frachtern gefallen sind, schlagen Lecks in Boote; kaum seetaugliche Flüchtlingsboote treiben zuhauf auf dem Mittelmeer. Eine Fülle von Metaphern für die Havarien des menschlichen Lebens hält das Meer bereit, Folie für Träume und Albträume, für Erfolg und Scheitern. **mareRadio** macht sich nach einer Stippvisite bei Havaristen auf zu den Rettern: die Deutsche Gesellschaft zur Rettung Schiffbrüchiger.

Termine

ALLIGATOR POINT (USA)

Forgotten Coasts en plein air: Americas Great Paint-out

Hochkarätige Künstler treffen sich zur Freiluftmalerei, um Landschaft und Kultur des alten Florida zu dokumentieren. 1.–11.5., Strand. www.pleinairfl.com

BORKUM

150 Jahre DGzRS-Station Borkum

Rettung aus Seenot – die DGzRS-Station Borkum im Wandel der Zeit: Vortrag, Filme und Informationen. 13.5., 20 Uhr, Kulturinsel. Weitere Termine: www.seenotretter.de

BREMERHAVEN

Arbeitswelt Offshore-Windenergie

Ausstellung des Bremerhavener Fotografen Wolfhard Scheer über die Produktionsabläufe in der Offshore-Windenergie. Bis 7.6., Di–So 10–17 Uhr, Historisches Museum, www.historisches-museum-bremerhaven.de

CARMEL (USA)

Carmel-by-the-Sea Art Festival

Kunstfestival für alle: Malen, Auktionen, Bildhauerei, Schnellzeichnen. 14.–17.5., Mission Street, www.carmelartfestivalcalifornia.com

CUXHAVEN

Cuxhavener Fischerfest

Eine Meile Fischbuffet – kulinarische Genüsse mit buntem Rahmenprogramm. 23./24.5., 12–19 Uhr, Auktionshalle Fischereihafen, www.cuxhaven.de

DEN HAAG (NED)

Delta-Lloyd-Nordseeregatta

Jedes Pfingstwochenende wird der Hafen von Scheveningen zum Zentrum des Segelsports in den Niederlanden. 26.–30.5. www.deltalloydregatta.org

Veranstaltungshinweise an:
mare-Termine
Wiebke Böse
Sandthorquaihof, Pickhuben 2
20457 Hamburg
Fax: 040/369 859 99
E-Mail: termine@mare.de
Redaktionsschluss für die nächste Ausgabe: 4. 5. 2015

FLENSBURG

Willst du mit mir segeln gehen?

In der Ausstellung lernen Kinder ab acht Jahren an Themeninseln zum Schauen, Lesen, kreativen Arbeiten, Mitdenken und Lauschen, den Segelsport in seiner Vielfalt kennen. Spielerisch erfahren sie, was zur Vorbereitung des Segelns an Land gehört, welche Bedeutung Wind und Wasser haben, was ein Boot in Fahrt bringt und was eigentlich Navigation ausmacht. Bis 4.10., Di–So 10–17 Uhr, Schifffahrtsmuseum, www.schifffahrtsmuseum.flensburg.de

HAMBURG

Elbjazz Festival

Erst die sechste Wiederauflage der Jazztage im Hafen – und schon nicht mehr wegzudenken aus dem deutschen Festivalkalender. Auch dieses Jahr mit einer klug und leidenschaftlich programmierten Mischung aus Newcomern und Stars der deutschen und internationalen Jazzszene. 29./30.5., Hafen. Termine, Line-ups und Tickets: www.elbjazz.de

Kaffeeklatsch und Kaffeeriecher

Reise in die Zeiten, als Kaffee Luxus war, das Kaffeehaus Männerdomäne war und die Frauen dem Kaffeeklatsch frönten. Katja Nicklaus, ausgewiesene Kaffee-Expertin, stellt historische Methoden der Kaffeezubereitung vor und berichtet, woran man Qualitätskaffees erkennt. 26.4., 15 Uhr, Anmeldung empfohlen unter Tel. 040/321191 oder info@speicherstadtmuseum.de

HELGOLAND

81. Nordseewoche

Offshore-Pfingst-Regatten nach und um Helgoland, 22.–25.5.; www.nordseewoche.de

OERTZENDORF/POEL

Landschaften des Nordens

Ausstellung mit Arbeiten der Malerin Marion Körner, inspiriert von der Weite und Unberührtheit der Küstenlandschaft abseits touristischer Zentren. Bis 13.4., Fr–So 14–18 Uhr, Café Frieda, www.cafe-frieda.de

ROSTOCK
Maritime Landschaften
Ausstellung mit Bildern des Malers und Grafikers Georg Seyler (1915–1998). Bis 31.5., Di–So 10–18 Uhr, Schifffahrtsmuseum, www.schifffahrtsmuseum-rostock.de

SCHLUTUP
Ansegelgottesdienst
Ansegelgottesdienst in der Lübecker Bucht. Wer mit dem Boot kommt, kann unterhalb der Kirche im Schlutuper Hafen festmachen. Im Anschluss fahren die Boote zusammen die Trave hinab bis zur Ostsee. 9.5., 11 Uhr, St. Andreas, Schlutuper Kirchstr. 17. www.fischerkirche.de

STRALSUND
Klassik – Improvisiert!
Klavierkonzert vor dem Aquarium. Der Berliner Jazzpianist Christoph Reuter spielt Improvisationen von Edvard Griegs Werken. 2.5., 20 Uhr, Ozeaneum. Karten an der Kasse oder unter www.ozeaneum.de

STUTTGART
Nixe
Aufführung der Meerjungfrauenoper „Nixe" für Jugendliche ab 10 Jahren und Erwachsene, eine moderne Fassung von Antonín Dvořáks „Rusalka". Premiere am 16.4., 19 Uhr, im Forum Schloss Ludwigsburg. Junge Oper Stuttgart. Termine und Ticketinformationen: www.oper-stuttgart.de

SYDNEY (AUS)
Shackleton – Escape from Antarctica
„Die größte Überlebensgeschichte, die es jemals gegeben hat", beschrieb Sir Edmund Hillary Shackletons Reise von 1914. Die Ausstellung zeigt Fotos des Expeditionsfotografen Frank Hurley, Ausrüstungsgegenstände, Kleidung und Artefakte. Bis 29.11., täglich 9.30–17 Uhr, Australian National Maritime Museum. www.anmm.gov.au

WOLGAST
Wolgaster Hafentage
Maritimes Fest im Stadthafen und auf der Schlossinsel. Programm auf zwei Bühnen, zahlreiche Aktivitäten an Land und auf dem Wasser. 3.–5.6., www.wolgast.de

ALKERSUM/FÖHR

Bleicke Bleicken: Sylt – meine Insel

Kein anderer Fotograf hat so intensiv und über Jahrzehnte hinweg das Leben auf der Nordseeinsel Sylt mit der Kamera festgehalten wie der Inselfotograf Bleicke Bleicken (1898–1973), wie die sehenswerte Schau seines Werkes im Föhrer Museum Kunst der Westküste zeigt. Er wollte „Bilder machen", zunächst nur zu Werbezwecken, schließlich, um die Veränderungen auf der Insel der „Reichen und Schönen" zu dokumentieren, auf die Gefährdung des Unwiederbringlichen aufmerksam zu machen und „das andere Sylt" zu porträtieren. Anregungen holte er sich bei Fotografen der Neuen Sachlichkeit und bei seinem Vorbild, dem Bauhaus-Schüler Andreas Feininger. Bleicken entwickelte ein breites Motivspektrum: Familienbilder, experimentelle Lichtstudien, soziale Dokumentarfotografie und meditative Landschaften. „Wenig aufs Bild gebracht – und das groß", so lautete seine Devise.
Ausstellung bis 12. Juli, Dienstag bis Sonntag 10–17 Uhr. Museum Kunst der Westküste. www.mkdw.de

mareTV

Jeden ersten und dritten Donnerstag im Monat im NDR Fernsehen

ST. PETER-ORDING UND DIE HALBINSEL EIDERSTEDT
2. April, 20.15 Uhr, NDR Fernsehen

IRLANDS SCHÖNSTE KLIPPEN CLIFFS OF MOHER
16. April, 20.15 Uhr, NDR Fernsehen
Mehr als 200 Meter hoch ragen sie senkrecht aus dem Atlantik. Die Cliffs of Moher, die wildromantischen Klippen ganz im Westen Irlands, haben eine magische Anziehungskraft. Wagemutige aus der ganzen Welt zieht es hierher, um an der Felskante einen atemberaubenden Blick in die Tiefe zu werfen. Ein raues irisches Leben am Abgrund: Zwischen den Ortschaften Doolin und Liscannor und auf den vorgelagerten Aran Islands wird geklettert, gerettet, geackert, geräuchert, getauscht, gesungen und kräftig geflirtet.

LOFOTEN
7. Mai, 20.15 Uhr, NDR Fernsehen

DIE RIGAER BUCHT
21. Mai, 20.15 Uhr, NDR Fernsehen

Die letzte Reise

Es ist ein lukratives Geschäft: Juwelen-Zackenbarsche werden per Frachtschiff von Indonesien nach China gebracht – lebend. Dort warten sie in den Aquarien nobler Restaurants auf ihren Tod

Text und Fotos: Milda Drüke

Aufgespießt – ein Köderfisch wird für seinen Einsatz vorbereitet

An einem Sonntag im August um Mitternacht in einem Hongkonger Restaurant sieht der prächtigste Juwelen-Zackenbarsch im Aquarium einen Finger auf sich gerichtet und wenig später den Tod. 22 Tage war er seinem Tod im Bauch eines stählernen Frachtschiffs entgegengereist. Aus den Maschen eines Keschers gestülpt, war er durch eine Luke hineingefallen, mitten in das Gewimmel nach Luft schnappender Artgenossen.

Doch seine mörderische Reise begann früher: vor Sulawesi, in Indonesien. Am Morgen eines windlosen Tages, als ein Fischer in seinem Kanu auf das Meer paddelte, um Köder für Juwelen-Zackenbarsche zu fangen. Dafür glitt der Fischer über einem Riff vom Kanu ins Wasser, geradewegs in einen Schwarm von Feldwebelfischen, die auseinanderstoben und sich wieder sammelten. Bis auf wenige verfingen sich alle in seinem Netz.

Wieder in seinem Kanu hockend, klappte er Planken hoch und zog den Holzpflock aus der Bodenplanke. Er ließ das Meer in das Kanu drängen und stopfte den Pflock zurück, als er sah, dass es genug war. Seinen Fang zupfte und schüttelte er aus den Maschen des Netzes in das Meer im Kanu. Die Feldwebelfische schwammen panische Zickzackkurse. Der Fischer paddelte mit kraftvoller Langsamkeit vom Riff hinaus auf die leere See, bis dorthin, wo das Wasser von tiefblauer Farbe war.

Er fasste sich einen Köderfisch, drückte einen Angelhaken durch den pulsenden grün-weiß gestreiften Leib, knüpfte ihn an eine Nylonschnur und beschwerte sie mit Korallenstein. Dann setzte er seine aus Eisenholz geschnitzte Brille auf, klopfte an die Plastikgläser, spuckte darauf, kniete sich quer in das Kanu, beugte sich vor und beugte sich tiefer und tauchte sein Gesicht in das ruhige Meer. Von der hölzernen Spule neben seinem linken Bein ließ er die Nylonschnur durch seine Finger gleiten und sah den Feldwebelfisch mit lebhaft starrenden Augen im unendlichen Blau versinken.

Der Fischer wartete.

Er wusste, Juwelen-Zackenbarsche sind einsame Jäger, wie er selbst einer war. Nur zur Fortpflanzung sah er sie in Gruppen schwimmen. Manchmal, wenn er sein Gesicht aus dem Wasser hob und Atem holte, sprach er zu sich: „Frech! Hat den Köder abgebissen und ist weggeschwommen. Schlau. Ich warte. Auch schlau."

Während er sprach, beköderte er die Schnur mit einem neuen Feldwebelfisch, ließ ihn ins Meer sinken, tauchte sein Gesicht ins klare Wasser und schaute durch die Brille nach Zackenbarschen. Das Kanu dümpelte in einsamer Weite. Die Sonne wanderte. Die Zahl der Köderfische nahm ab.

Plötzlich richtete sich der Fischer auf, riss die Arme hoch und holte Schnur ein: Durch die Haut des Meeres brach rot und mit wild schlagendem Schwanz der prächtigste Juwelen-Zackenbarsch und – flog. Mit einer Hand schnappte der Fischer das Tier aus der Luft und legte die zweite um seinen widerstrebenden Leib mit den blauen Tupfen. ➢

Die mörderische Reise begann vor der Insel Sulawesi, am Morgen eines windlosen Tages, als ein Fischer in seinem Kanu aufs Meer paddelte, um Köder zu fangen

Vorhergehende Seite **In einem hölzernen Kanu gehen Seenomaden in Indonesien auf die Jagd**

Links **Auf engstem Raum werden die Fische transportiert. Nicht jeder überlebt das**

Unten **Wo ist die Beute? Mit einer Brille aus Eisenholz sucht der Fischer das Meer ab**

„Wie schön du bist", sprach er zum Fisch. Seinen Ringfinger mit dem überlangen Fingernagel spreizte er ab, um die Schuppenhaut nicht zu verletzten. Er rammte eine Kanüle in den Bauch des Fisches. „Verzeih", sagte er, „du wohnst tief, und ich habe dich schnell hochgezogen. Die Luft muss raus aus deiner Schwimmblase. Sonst verlierst du dein Gleichgewicht und kannst nicht nach Hongkong reisen."

Behutsam setzte der Fischer den Juwelen-Zackenbarsch zu drei toten Köderfischen in das Meer im Kanu. Seine blauen Tupfen verblassten, sein Rot wurde braun und stumpf, und plötzlich liefen quer über seinen Rücken helle Streifen.

„Angst", sagte der Fischer zu sich.

Abends paddelte er zurück zu seiner Pfahlhütte über dem Riff. Den Juwelen-Zackenbarsch ließ er in die darunter hängende Reuse gleiten. „Früher habe ich größere und mehr von euch gefangen", sprach er zum Fisch, kletterte die Leiter zur Hütte hinauf und kochte Sagobrei. Am nächsten Morgen paddelte er hinaus aufs glatte Meer. In seinem Rücken schwamm der Juwelen-Zackenbarsch panische Kreise in der Reuse.

Zwei Wochen später kreisten zehn seiner Art gemeinsam mit ihm in der Reuse, das war, als sich den Zackenbarschen ein großes Kanu näherte, angetrieben von einem 40-PS-Außenbordmotor. Der Mann an der Pinne rauchte zufrieden, als er dorthin zurückfuhr, von wo er gekommen war. Er blickte auf das Meer in seinem Kanu, das viel größer war als das im Kanu des Fischers. Der prächtigste Juwelen-Zackenbarsch drängte sich mit dem Kopf in Fahrtrichtung zwischen so vielen anderen und größeren Barschen, dass sein Rücken nicht immer von Wasser bedeckt war. Er kannte sie nicht. Sie hatten nicht seine Farbe, waren braun und grün. Andere Fischer als der seine hatten sie aus der Tiefe des Meeres gezogen.

Der Mann steuerte das Kanu in die versteckte Bucht einer Mangroveninsel bis zu einem zwischen Ölfässern hängenden Netzkäfig. Über eine Planke kam eine Frau mit Zettel und Bleistift in der Hand gelaufen und notierte das Gewicht der Fische, die der Mann in einem Kescher an ihre Waage hängte. „29,8 Kilo. Das Kilo zu 15 000 Rupiah."

Der Mann tauchte jeden Fisch in einen Eimer mit Antibiotika. Dann rannte er mit ihnen im Kescher über Laufstege vorbei an einem Netzkäfig mit Napoleonfischen, einem Netzkäfig mit Kartoffel-Zackenbarschen, bis zu dem Netz, in dem Juwelen-Zackenbarsche in ihrem Käfig im Meer um Platz rangen. Der Prächtigste unter den Neuen versuchte den Händen seines Häschers zu entkommen – vergeblich.

Der Juwelen-Zackenbarsch drängte sich mit dem Kopf in Fahrtrichtung zwischen so vielen anderen Barschen, dass sein Rücken nicht immer von Wasser bedeckt war

Zwei Monate schwamm er im trüben Wasser des Netzkäfigs, fraß morgens und abends Antibiotika und wurde apathisch. Bis eines Morgens der Schatten eines stählernen Frachtschiffs auf ihn fiel. Das Schiff war noch nicht vertäut, als die Männer, die sich mit Keschern über sein Gefängnis beugten, Panik unter den Barschen und Napoleonfischen auslösten. Ihre Schwanzflossen schäumten das Wasser auf. Die Muskeln an den Armen der Häscher schwollen an, die Laufplanken bogen sich unter ihren nackten Füßen, als sie mit ihrer Last zum Frachtschiff liefen. Auf dem Deck ließen sie die erstarrten Fische aus den Keschern durch offene Luken in geflutete Schotts fallen.

Hier war es, wo der prächtigste Juwelen-Zackenbarsch des Hongkonger Restaurants in das Gewimmel seiner Artgenossen fiel. Dann wurde es Nacht um ihn. Ein chinesischer Seemann warf die eisernen Deckel über 25 Luken zu. Auf dem Deck hörten die Fische Schritte. Zollbeamte. Ein Bürgermeister. Untergeordnete. Acht Offizielle verschwanden mit dünnen Aktentaschen in einem Raum ohne Bullauge. ➢

Ein Juwelen-Zackenbarsch am Haken – der Fischer freut sich über seinen Fang

Der Mann tauchte jeden Fisch in einen Eimer mit Antibiotika. Dann rannte er mit ihnen im Kescher über Stege, vorbei an den Napoleonfischen und Kartoffel-Zackenbarschen, bis zu dem Netz, in dem Juwelen-Zackenbarsche in ihrem Käfig im Meer um Platz rangen

Heraus kamen sie mit prallvollen Aktentaschen und verschwanden in zwei verdunkelten Schnellbooten. Ein Geldschein strich im Wind übers Deck. Der indonesische Fischhändler und sein chinesischer Kapitän unterhielten sich an der Reling. Über das hohe Strafgeld, das sie gerade bezahlen mussten. Die Fische hörten die Stimme des Kapitäns: „Wir brauchen fünf Ladungen, um den Verlust wieder einzufahren."

Stille.

Der Händler: „Jeder Fehler, der uns unterläuft, füllt ihnen die Taschen."

Stille.

Der Kapitän: „Es war ein Flüchtigkeitsfehler." Ein Zahlendreher in den Papieren.

„Das haben sie erkannt und trotzdem."

Stille.

Der Händler: „Hier, der Wisch. Zehn Prozent der kassierten Summe haben sie uns quittiert."

An einer Sammelstelle werden die Fische verschiedenen Käfigen zugeordnet

Der Kapitän ging zum Bug des Schiffes, entzündete Räucherstäbchen vor einem rotgoldenen Schrein und bat seine Götter um eine ruhige Fahrt zu den Molukken und Philippinen, wo er weitere Fische laden würde. Er ließ das Wasser in den Kammern unter Deck an jedem Morgen der 22-tägigen Fahrt durch frisches Meerwasser austauschen und die Temperatur mit heißem Dampf auf konstant 25 Grad halten. 20 Tonnen Fisch sollten Hongkong lebend erreichen, jedes Kilo davon 150 Hongkong-Dollar wert.

Jeden Morgen stank es zum Erbrechen. Jeden Morgen öffneten zwei Männer die 25 Luken und holten mit Keschern bäuchlings treibende Fische heraus. Taumelnden Tieren spritzten sie Vitamine und schütteten Antibiotika über den ins Licht und nach Futter drängenden Fischmäulern aus. Eine Tonne Verlust bis Hongkong war kalkuliert.

Der prächtigste Juwelen-Zackenbarsch überlebte die Reise bis in das Aquarium des Hongkonger Nobelrestaurants, wo ein Gast seinen Finger auf ihn richtete und sagte: „Den da."

Als die indonesischen Offiziellen an Bord des Fischtransporters kamen, sollte Milda Drüke, Jahrgang 1949, Autorin und Fotografin in Düsseldorf, sich vor ihnen in einem Kabuff des Schiffes verstecken, das sie sicher nicht kontrollieren würden. Das Kabuff war ohne Boden. Mit gegrätschten Beinen, die Hände gegen die Seitenwände gestemmt, harrte sie eine gute Stunde aus, sah in das schwappende Meer unter ihr – und freute sich über einen entkommenen Juwelen-Zackenbarsch.

100% Fernweh!
Jetzt im Handel – die neue Ausgabe von abenteuer und reisen
abenteuer und reisen
04 2015
CHINA
Peking, Shanghai, Hangzhou, Suzhou, Wuzhen und Xi'an auf eigene Faust im Bullet Train
ALPEN AKTIV
Action, Wellness, Bären
JAMAIKA
Karibik mit Groove
TRIEST
Kurzreise-Tipps
OMAN
Stefan Glowacz im „Thron der Dämonen"
USA
Offroad durch Utah
Keine Ausgabe verpassen:
Jetzt im Abo sichern!
Telefon: +49(0)6187/90568-23 • Fax: +49(0)6187/90568-29
aboservice@abenteuer-reisen.de • www.abenteuer-reisen.de/shop

Ausgedient: die Nebelstation in Wustrow, hier noch mit Leuchtfeuer

Leben

Kampf um Nebelstation

Das Ostseebad Wustrow in Mecklenburg-Vorpommern kämpft um den Erhalt seines Wahrzeichens. Nach über 100 Jahren soll die dortige Nebelstation abgerissen werden. Laut dem Staatlichen Amt für Landwirtschaft und Umwelt in Stralsund gefährdet der Standort am Deichfuß den Küstenschutz. Jahrzehntelang diente die Nebelstation den Schiffen sowohl in der Ostsee als auch im Bodden als Orientierungspunkt. Im April 2014 wurde die Station stillgelegt, das Leuchtfeuer zog um auf einen Mast auf der Wustrower Seebrücke. Nun will ein Förderverein das Bauwerk retten. Der Verein verweist auf eine Studie, wonach das Gebäude stehen bleiben könnte, wenn es durch zusätzliche Wälle geschützt würde. Ende Dezember gewährte die Behörde einen Aufschub für den Abriss. Der Verein hat jetzt die Möglichkeit, ein Renovierungs- und Nutzungskonzept zu erstellen – und Geld einzusammeln. „Die Nebelstation als einzigartiges maritimes Wahrzeichen an der deutschen Ostseeküste darf nicht verschwinden. Gäste und Anwohner sollen wieder auf den Turm steigen können“, sagt Daniel Schimmelpfennig, Vorsitzender des Fördervereins. Zunächst muss der Turm gegen Sturmfluten gesichert werden. Die geschätzten Kosten dafür belaufen sich auf 370 000 Euro. Die Gebäudesanierung würde vermutlich noch einmal so viel kosten und soll nach dem Willen des Vereins bereits im kommenden Jahr beginnen. Die Station wurde ab 1910 als reine Nebelsignalstation errichtet, weil Schiffsunfälle vor der Küste Wustrows zugenommen hatten. Später kam das Leuchtfeuer dazu. „Das Leuchtfeuer wird bis heute gebraucht, weil die angrenzenden Leuchttürme Warnemünde und Darßer Ort die Küste nicht vollständig ausleuchten“, erklärt Schimmelpfennig. Seit Dezember wurden rund 3500 Euro an Spendengeldern gesammelt. Spenden an folgendes Konto: Förderverein Nebelstation Wustrow e.V., IBAN: DE52150505000102043043, Sparkasse Vorpommern. *mz*

Freizeit

Rotterdams perfekte Welle

Im Zentrum der niederländischen Metropole Rotterdam eröffnet im Sommer ein riesiger Open-Air-Wassersportpark, das „Rif 010“. Dazu wird die Steigersgracht, eine der zentralen Grachten Rotterdams, in ein 125 Meter langes und 27 Meter breites Multifunktionsbecken umgebaut. Wichtigste Attraktion ist eine künstliche Welle, die das Wellenreiten in der Stadt ermöglicht. Alle siebeneinhalb Sekunden soll sich in dem von einer Spezialfirma entworfenen Wellenbecken eine anderthalb Meter hohe surfbare Welle formen. Am Einlauf des Beckens wird eine Kläranlage das recht trübe Wasser der Steigersgracht reinigen. Denn die Planer des „Rif 010“ wollen mit einem künstlichen Riff auch Taucher und Schnorchler locken.

Sportlich: Surfen in der Innenstadt

Auch zum Kajakfahren und Wildwasserrafting kann die umgebaute Gracht genutzt werden. Wer es ruhiger angehen möchte, schaut von einem künstlichen Strand oder der Terrasse der angrenzenden Strandbar aus dem Treiben auf dem Wasser zu. Auf der Rückseite der Strandbar schließlich wird ein Bootsverleih Kanus, Kajaks, Ruderboote und Stand-up-Paddle-Boards anbieten und zu Ausflügen in die Grachtenwelt Rotterdams einladen. „Mit dem ‚Rif 010‘ wollen wir alle Wassersportinteressierten Europas zu uns nach Rotterdam einladen“, sagt Edwin van Viegen, Initiator des Projekts. „Und wir wollen das Image Rotterdams schärfen – weg von der schmuddeligen Industriestadt, hin zu einer modernen Sport- und Erlebnisstadt.“ Die Einwohner Rotterdams unterstützen die Idee. In einer öffentlichen Abstimmung, bei der jeder Rotterdamer seine Stimme abgeben konnte, setzte sich das „Rif 010“ gegen fünf Konkurrenzprojekte durch und strich die drei Millionen Euro Fördergeld, die die Stadt ausgelobt hatte, ein. Damit ist der Löwenanteil der Gesamtkosten von 3,6 Millionen Euro bereits gedeckt. Im Juni soll das „Rif 010“ eröffnen. *fo*

Verkehr

Gondeln mit Nummernschild

Für die rund 430 Gondolieri in Venedig gelten neue Regeln: Um die Sicherheit auf den Kanälen zu verbessern, müssen ihre Boote seit Dezember schwarze Num-

mernschilder mit weißen Ziffern am Rumpf tragen, ansonsten droht ein Bußgeld. Die Nummernschilder sollen die Identifizierung erleichtern. In der Vergangenheit war es öfter zu Unfällen gekommen, bei denen die Behörden den Lizenzinhaber nicht ausfindig machen konnten. Die Reform ist auch die Reaktion auf einen schweren Gondelunfall, der sich im August 2013 ereignet hatte. Damals war ein deutscher Tourist, ein Juraprofessor aus München, beim Zusammenstoß einer Gondel mit einer Fähre – Vaporetto genannt – gestorben. „Die Regulierung des immer stärkeren Verkehrs auf dem Canal Grande ist ein Problem", sagte der damalige Bürgermeister von Venedig, Giorgio Orsoni, nach dem Todesfall. Jeden Tag seien auf Venedigs Kanälen im Schnitt 3000 Gondeln, Motorboote, Wassertaxis und Vaporetti unterwegs. Deshalb hatte Orsoni 2013 einen 26-Punkte-Plan für mehr Verkehrssicherheit vorgelegt. Die Gondeln sollten unter anderem mit Kennzeichen, Rückstrahlern und GPS ausgestattet werden. Die Gondolieri hatten durch Proteste aber erreicht, von der GPS-Pflicht ausgenommen zu werden. Von dem Plan übrig geblieben ist nun hauptsächlich das Nummernschild. Aldo Reato, Präsident der Vereinigung der Gondolieri: „Wir sind mit der Regelung zufrieden. Sie ist angebracht." *mz*

Umwelt

Ölpest im Mangrovenwald

Nach einem Tankerunglück im größten Mangrovenwald der Welt, den Sundarbans in Bangladesch, sollen strengere Regeln künftig für mehr Sicherheit in Naturschutzgebieten sorgen. Die Vereinten Nationen (UN) wollen darüber beim Treffen des Weltnaturerbekomitees im Juni in Bonn diskutieren. Im Dezember 2014 war ein Öltanker im Sela River in den Sundarbans mit einem anderen Schiff kollidiert und leckgeschlagen. Mehr als 350 000 Liter Öl flossen aus und verseuchten die Küste auf einer Länge von rund 40 Kilometern. Ein internationales Notfallteam, bestehend aus Vertretern der Vereinten Nationen und der nationalen Regierung, hatte kurz nach dem Unglück sechs Tage lang die Auswirkungen des Ölteppichs vor Ort untersucht. In dem Abschlussbericht kommt es zu dem Schluss, dass das Ölunglück nur „begrenzte Umweltfolgen auf das marine Ökosystem und die Mangroven" habe. „Der Schaden war angesichts des Ausmaßes vergleichsweise minimal", sagt auch Beatrice Kaldun, die das Unesco-Büro in Dhaka leitet. „Ebbe und Flut haben einen Großteil des Öls aus den Mangrovenwäldern geschwemmt." Die

Vor 20 Jahren

Greenpeace besetzt „Brent Spar"

Als am 30. April 1995 Greenpeace-Aktivisten die stillgelegte Öltankanlage „Brent Spar" nordöstlich der Shetlandinseln besetzen, scheint sich kaum jemand dafür zu interessieren. Dabei will deren Eigner, der Shell-Konzern, den 50 000 Tonnen fassenden Stahlkoloss im Meer versenken. Doch dann macht der Ölkonzern einen Fehler: Er lässt die Anlage gewaltsam räumen. Als schließlich ein Greenpeace-Hubschrauber mit Wasserkanonen fast zum Absturz gebracht wird, sind die Fernsehbilder da: Der moralisch integere David kämpft gegen den bösen Goliath. Vergeblich führt Shell Studien ins Feld, die belegen sollen, dass die Versenkung im Meer umweltverträglicher ist als die Entsorgung an Land. Es würden nur 130 Tonnen giftiger Ölrückstände verklappt, heißt es. Greenpeace aber spricht von 5500 Tonnen – dies hätten eigene Messungen ergeben. Das heizt die Debatte an. Politiker rufen dazu auf, Shell-Tankstellen zu boykottieren. Die Supermarktkette Tengelmann empfiehlt ihren 200 000 Beschäftigten, nicht mehr bei Shell zu tanken. Der Umsatz von Shell bricht in Deutschland zeitweise um 50 Prozent ein. Umweltministerin Angela Merkel und Bundeskanzler Helmut Kohl lehnen medienwirksam die Versenkung ab, während für den britischen Premier John Major alle, die sich gegen die Versenkung aussprechen, nur „Schwächlinge" sind. Es kommt zu ernsten Verstimmungen zwischen Berlin und London. Schließlich gibt Shell nach: Der Konzern verzichtet auf die Versenkung und lässt die „Brent Spar" zum Abwracken nach Norwegen schleppen. Der Jubel der Umweltschützer währt allerdings nur kurz. Schon bald gesteht Greenpeace ein, mit falschen Zahlen operiert zu haben – und entschuldigt sich öffentlich bei Shell. *fk*

Illustration: Ueli Etter

Ausgelaufen: Mehr als 350 000 Liter Öl verseuchten die Küste Bangladeschs

Reinigungsarbeiten würden sich nun vor allem auf die umweltgerechte Entsorgung des eingesammelten Öls konzentrieren. Die Umweltorganisation Greenpeace hatte direkt nach dem Unglück von einer Katastrophe gesprochen und davor gewarnt, das Öl könne ein Delfinschutzgebiet treffen. Sie kritisierte zudem den Einsatz von Chemikalien, mit deren Hilfe die Regierung versuchte, den Ölteppich abzubinden. Sie seien ähnlich gefährlich für das Ökosystem wie das Öl selbst. Die Sundarbans sind für ihre sensible Natur bekannt. Hier leben der vom Aussterben bedrohte Gangesdelfin und der Königstiger. Seit 1987 steht ein Teil des Mangrovenwalds als Unesco-Weltnaturerbe unter besonderem Schutz. Das Unglück ereignete sich zwar nicht direkt in diesem Teil, trotzdem hat es eine Diskussion über die wirtschaftliche Nutzung der Region angefacht. Die UN fordern ein Verbot des Schiffsverkehrs in den Sundarbans. Das allerdings liegt in der Hand der nationalen Regierung. Unesco-Mitarbeiterin Kaldun: „Es muss nun geklärt werden, wie man ökonomischen Fortschritt – einschließlich Schiffsverkehr und wichtiger Transportrouten – besser mit Naturschutz in Einklang bringen kann.“ *muk*

Kulinarik

Bier aus Finnwalhoden

Eine Brauerei in Island sorgt mit einem kuriosen Saisonbier für Aufsehen. Es enthält Extrakte aus dem Hoden von Finnwalen und wurde für das Winterendefest Thorra-blot hergestellt. „Wir haben beschlossen, die geräucherten Hoden von Finnwalen zum Aromatisieren des Bieres zu verwenden“, sagt Dagbjartur Arilíusson, einer der Inhaber der Brauerei Steðji, in einem Zeitungsinterview. Bereits 2014 hatte die Brauerei ein Bier mit Walmehl auf den Markt gebracht, das jedoch im Nachhinein von der Gesundheitsbehörde verboten wurde. „Das Ganze ist eine reine Marketingidee. Nachdem der Brauerei im letzten Jahr der Gebrauch von Finnwalmehl verboten wurde, hat sie sich offensichtlich ein Körperteil ausgesucht, das größtmögliche Aufmerksamkeit für das Bier verspricht“, sagt Astrid Fuchs von der Tierschutzorganisation Whale and Dolphin Conservation. „Es gibt in der traditionellen isländischen Küche keine derartige Verwendung für Walhoden.“ Auch 2015 dürfen wieder 154 Finnwale in isländischen Gewässern gejagt werden – obwohl die Isländer kaum Walfleisch essen und die Nachfrage im Hauptexportland Japan sinkt. Dort wurde isländisches Walfleisch wegen Absatzproblemen zuletzt zu Hundefutter verarbeitet. Finnwale stehen auf der Roten Liste der gefährdeten Tierarten. Island ist das einzige Land der Welt, das offiziell kommerziellen Walfang auf Finnwale betreibt. *mz*

Provokant: Walhodenbier aus Island

Landwirtschaft

Gemüseanbau mit Salzwasser

Auf der niederländischen Nordseeinsel Texel arbeitet die Firma Zilt Proefbedrijf an einem ungewöhnlichen Projekt: Im Feldversuch erprobt sie den Anbau von Gemüse, das mit Meerwasser bewässert wird, darunter Kartoffeln, Möhren, Zwiebeln und Salat. Initiatoren sind der Landbauexperte und Unternehmer Mark van Rijsselberghe und Arjen de Vos von der Freien Universität in Amsterdam. „Gemäß der vorliegenden wissenschaftlichen Literatur war es unmöglich, Erdbeeren, Salat und Tomaten auf salzigem Boden zum Wachsen zu bringen. Wir haben bewiesen, dass es doch geht“, sagt van Rijsselberghe. „Und zwar nicht unter kontrollierten Laborbedingungen, sondern draußen auf dem Feld, dort, wo die Pflanzen auch in freier Natur vorkommen.“ Nach Angaben von Zilt Proefbedrijf sind die Testergebnisse so vielversprechend, dass Regierungen, Unternehmen und Wissenschaftsinstitute aus unterschiedlichen Regionen der Erde von den Texeler Experten Tests durchführen lassen. Vor drei Jahren hatten die beiden Gründer erstmals 30 Kartoffelvarianten untersucht – zwei davon erwiesen sich als salzresistent. Im Lauf der Zeit kamen weitere Gemüsesorten hinzu, die auf einem ein Hektar großen Feld auf Texel erprobt werden. Erstaunlich sei auch der gute Geschmack, sagt van Rijsselberghe. „Auf salzigem Boden kehren die Pflanzen zu ihrem ursprünglichen Charakter zurück. Die salz-

tolerante Kartoffel hat beispielsweise ein ganz volles, sahniges Aroma – so haben Kartoffeln früher einmal geschmeckt." Der Anbau von Gemüse auf salzigen Böden biete eine große Chance für die Menschheit. „Weltweit sind Millionen von Menschen von der Versalzung der Böden und vom Mangel an Trinkwasser betroffen. Salztolerante Nutzpflanzen sind die Lösung." Zurzeit werden auf einem Feld in Pakistan, das durch das Eindringen von Meerwasser unbrauchbar geworden war, die beiden salzresistenten Kartoffelarten erprobt. Eine Frage wird sein, ob sich die Kartoffeln an das dortige Klima anpassen können, fernab vom Testfeld auf Texel. *röß*

Unterhaltung

Neues „Traumschiff" fürs ZDF

Das ZDF wird seine „Traumschiff"-Serie künftig auf der MS „Amadea", dem Flaggschiff des Bonner Reiseveranstalters Phoenix-Reisen, produzieren. Im Februar begannen die Dreharbeiten für die neuen Folgen, für die die Filmcrew ins chinesische Macao und zu den Cookinseln im Pazifik reiste. Die Ausstrahlung ist zu Weihnachten 2015 und Neujahr 2016 vorgesehen. „Wir freuen uns sehr, bekannt geben zu können, dass unsere ‚Amadea' das neue ‚Traumschiff' ist", teilte Phoenix-Reisen mit. Damit endet eine jahrelange Zusammenarbeit zwischen dem ZDF und der Reederei Peter Deilmann aus Neustadt in Schleswig-Holstein. Deren Kreuzfahrtschiff MS „Deutschland" war 15 Jahre lang Kulisse des „Traumschiffs" gewesen. Die Beteiligungsgesellschaft der MS „Deutschland" musste vor Kurzem Insolvenz anmelden. Die Verbindlichkeiten gegenüber mehr als 1500 Gläubigern summieren sich auf 62 Millionen Euro. Knapp 80 Mitarbeiter wurden bereits entlassen oder freigestellt, nur eine 50-köpfige Stammcrew kümmert sich zurzeit um das Schiff, das vor Gibraltar auf Reede liegt. Alle angekündigten Kreuzfahrten wurden abgesagt. Damit die MS „Deutschland" weiter fahren kann, müssten Millionen investiert werden. Allein der anstehende Werftbesuch dürfte zwei Millionen Euro verschlingen. Der Fünf-Sterne-Luxusliner, 1998 gebaut, gehört zu den Verlierern des Kreuzfahrtbooms. Auch wenn er eine Art Kultstatus genießt, der Standard ist auf dem Niveau der 1980er-Jahre: keine Außenbalkone, enge Kabinen. Die Reederei unterhält zudem nur die MS „Deutschland", was es schwer macht, im hart umkämpften Kreuzfahrtsegment mitzuhalten. Konkurrent Aida Cruises aus Rostock betreibt gleich zehn Schiffe und kann so etwa den Einkauf kostengünstiger organisieren. Bereits seit Jahren schreibt die MS „Deutschland" rote Zahlen. Die Beteiligungsgesellschaft Aurelius, die 2010 die Mehrheit an der Reederei übernahm, hatte zur Finanzierung eine 50 Millionen Euro schwere Anleihe ausgegeben. Etwa die Hälfte des Betrags ging allerdings an Banken, um Darlehen zu tilgen. Jedes Jahr musste die Gesellschaft zudem rund 3,4 Millionen Euro Zinsen ausschütten. Für Investitionen ins Schiff blieb kaum etwas übrig. Anfang 2014 verkaufte Aurelius seine Anteile an die Callista Private Equity, doch die Liquiditätssituation verschlechterte sich weiter. Insolvenzverwalter Reinhold Schmid-Sperber sucht nun einen Investor für die MS „Deutschland". Dieser war bei Redaktionsschluss noch nicht gefunden. *muk*

Auserkoren: das neue „Traumschiff"

Illustration: Ueli Etter

Impressum

mare

Verleger und Chefredakteur
Nikolaus Gelpke (V.i.S.d.P.)

Stellvertretender Chefredakteur
Textchef
Karl Spurzem
spurzem@mare.de

Art Director
Nadja Zobel, zobel@mare.de

Photo Director
Barbara Stauss, Petra Koßmann
stauss@mare.de, kossmann@mare.de

Redaktion Leben/Politik
Dimitri Ladischensky
ladischensky@mare.de

Redaktion Wirtschaft/Wissenschaft
Jan Keith
keith@mare.de

Redaktion Kultur
Zora del Buono, Martina Wimmer
delbuono@mare.de, wimmer@mare.de

Redaktion Online
Wiebke Böse
boese@mare.de

Leitung Marketing/Kommunikation
Jan Lehmköster
lehmkoester@mare.de

Vertriebsleitung
Karin Trommer
trommer@mare.de

Buchhaltung
Nicole Steinhauser
steinhauser@mare.de

Organisation
Jutta Dötsch
doetsch@mare.de

Satz/Lithografie
Andrea Best
best@mare.de

Korrektorat
Susanne Feyke

Produktion
Holger Schmirgalski

Druck
Druckhaus Kaufmann

Vertrieb
DPV Deutscher Pressevertrieb GmbH
ISSN 1432-928X
ISBN 978-3-86648-043-8

Abonnementvertrieb
QS Quality Service GmbH

ANZEIGEN

Anzeigenvermarktung

iq media marketing gmbh

Ein Unternehmen der Verlagsgruppe

Handelsblatt

Kasernenstraße 67, 40213 Düsseldorf

www.iqm.de/mare

Anzeigenleitung **mare**

Anke Wiegel,

iq media marketing gmbh

Speersort 1

20095 Hamburg

Tel. 040/3280-345, anke.wiegel@iqm.de

Repräsentanz Düsseldorf

Marion Weskamp, Tel. 0211/887-2055

Kasernenstraße 67

40213 Düsseldorf

Repräsentanz Frankfurt/Main

Oliver Mond, Tel. 069/2424-4536

Eschersheimer Landstraße 50

60322 Frankfurt/Main

Repräsentanz München

Axel Schröter, Tel. 089/545907-17

Nymphenburger Straße 14/2. Stock

80335 München

International

iq media marketing gmbh

Gerda Gavric-Hollender, Tel. 0211/887-2343

Kasernenstraße 67, 40213 Düsseldorf

Österreich

Internationale Medienvertretung & Service

proxymedia e.U.

Michael Schachinger-Brauner

Tel. +43/(0)2622/36755

Wiesengasse 3, 2801 Katzelsdorf

Schweiz

Top Media Sales GmbH

Walter von Siebenthal, Tel. +41/(0)41/7105701

Chamerstrasse 56, 6300 Zug

ANSCHRIFTEN

Redaktion und Verlag
mareverlag GmbH & Co. oHG
Sandthorquaihof
Pickhuben 2
20457 Hamburg
Telefon 040/36 98 59-0
Fax 040/36 98 59-99
mare@mare.de, www.mare.de

Redaktionsbüro Berlin
Oranienstraße 10–11
10997 Berlin

Art Direction: Telefon 030/612 86 154
Photo Direction: Telefon 030/617 027 34
Redaktion Kultur: Telefon 030/612 806 93
Fax 030/612 806 94

ABONNEMENTSERVICE

mare-Service
Postfach 11 10 11, 20410 Hamburg
service@abo.mare.de
Telefon +49/(0)40/3007-3536, Fax -853536

Jahresabonnement: 51,30 Euro/91 CHF
Studentenabonnement: 45,60 Euro/79 CHF

mare ist stets erhältlich im
Bahnhofs- und Flughafenbuchhandel.

mare erscheint im **mare**verlag
GmbH & Co. oHG, HRA 90234,
PHG: Dreiviertel Verlag GmbH,
HRB 63029, Nikolaus Gelpke

BILDNACHWEIS

Bildnachweis
(l.: links; r.: rechts; M.: Mitte; o.: oben; u.: unten)
Titel: Stefan Moses; S. 3: Mathias Bothor; S. 4 v.o.l.n.u.r.: Mirjam Siefert; © Estate of Martin Kippenberger, Galerie Gisela Capitain, Cologne (Ausschnitt des Werkes auf Seite 30); Stefan Moses; Yangjun Peng, www.peng-chen.net; Robert Voit; de.wikipedia.org/wiki/Johann_Wolfgang_von_Goethe, Stand: 20.02.2015; Jan Luijk; S. 6/7: mare/Illustration: RB + MKB-Deskkart, Hamburg; S. 10–27: Mirjam Siefert; S. 30: © Estate of Martin Kippenberger, Galerie Gisela Capitain, Cologne; S. 32–50: Stefan Moses; S. 53: The Rooms Provincial Archives Division, A 34-28; S. 54: www.archivalmoments.ca, Larry Dohey, 14. August 2014; S. 57: privat; S. 58–62: Jan Windszus; S. 64–67: Yangjun Peng, www.peng-chen.net; S. 71 o. und u.: Lottie Hedley; S. 71 M.: Curly Tree Whitebait Company; S. 72: © 2012 Roger Hall, www.inkart.net; S. 75 o.: en.wikipedia.org/wiki/Ptolemy's_world_map#mediaviewer/File:PtolemyWorldMap.jpg, Stand: 27.02.2015; S. 75 u.: en.wikipedia.org/wiki/Ferro_Meridian, Stand: 27.02.2015; S. 76 und 77: National Maritime Museum, London/Interfoto; S. 79: Pascal Cloëtta; S. 80/81: Robert Voit; S. 82: François Delarozière; S. 83–85: Robert Voit; S. 86: François Delarozière; S. 87–89: Robert Voit; S. 90/91: François Delarozière; S. 92–94: Robert Voit; S. 95: François Delarozière; S. 96: © Dreweatt Neate Fine Art Auctioneers/Bridgeman Images; S. 97: © Eastblockworld.com; S. 98 und 99: Klassik Stiftung Weimar, Bestand Museen; S. 100: Nick Hannes; S. 101 M.: © Yann Arthus-Bertrand/altitude-photo.com; S. 101 u.: Knut Egil Wang/Moment/Institute; S. 102: Frank Keil; S. 104: aus dem besprochenen Buch; S. 105: Heike Ollertz/Ag. Focus; S. 106 (Berlinale-Plakat): Boros, Agentur für Kommunikation, © Internationale Filmfestspiele Berlin; Filmstills „Exotica, Erotica, etc.“: Evangelia Kranioti; „Paradise in Service“: Honto Production; „Love & Mercy“: François Duhamel; „Sumé“: Susanne Mertz; S. 107 (Porträt): Mathias Bothor; S. 108–112: Jan Luijk; S. 116: Stefan Pielow; S. 117 (Kasten): „Badespaß“, Sylt 1931–1935, Bleicke Bleicken; S. 117 o.: Heike Ollertz/Ag. Focus; S. 118–122: Milda Drüke; S. 124–127 (Illustration unten): Ueli Etter; S. 124 o.l.: Katharina Jaeger/Look-foto; S. 124 M.: www.rif010.nl; S. 125 o.l.: Kriki/Christian Groß; S. 125 (Kasten): Greenpeace/David Sims; S. 126 o.l.: Naymuzzaman Prince; S. 126 M.: Carl Niklas Linck/WDC; S. 127 o.: Dietmar Hasenpusch/picture alliance/dpa; S. 128: Heike Ollertz/Ag. Focus; S. 129 o.: Paolo Woods and Gabriele Galimberti/Institute; S. 129 M.: mauritius images/Science Photos Library; S. 129 u.: Dmitrij Leltschuk; S. 130: Roland Hildel; Heftrücken: Conny Bangert.

Der Abonnementauflage von **mare** sind Beilagen von Arte G.E.I.E., Strasbourg, und Buchwerbung der Neun GmbH, München, hinzugefügt. Wir bitten um freundliche Beachtung.

mare No. 110 Juni/Juli 2015

ab 2. Juni im Zeitschriften- und Buchhandel

Steueroasen

Jersey, Bahamas, Barbados – Steueroasen liegen häufig auf kleinen Inseln. Zu den berüchtigtsten gehören die Kaimaninseln (Foto links) im Karibischen Meer. Gerade einmal 50 000 Menschen leben dort. Aber es gibt 90 000 Firmen. Zwei Billionen Dollar lagern in den virtuellen Depots der Banken, Kanzleien und Investmentfirmen. Seit Jahrzehnten lockt das britische Überseegebiet mit Diskretion und Steuerfreiheit und entzieht so anderen Staaten ihren Wohlstand.

Bermudadreieck

Flugzeuge und Schiffe, die spurlos im Atlantik verschwinden – die Legende vom Bermudadreieck hält sich bis heute. Dabei ist längst klar: Der Mythos entstand durch schlampige Nachforschungen und Berichte von Autoren, die ihrer Fantasie freien Lauf ließen.

Krabbenwilderer von Primorje

Erst der Zusammenbruch der Sowjetunion, dann die Massenarbeitslosigkeit: Im äußersten Südosten Russlands, in der Region Primorje am Japanischen Meer, bleibt den Menschen kaum mehr anderes übrig, als kollektiv von illegaler Krabbenfischerei zu leben. Ein Besuch.

Krimkrieg

Russland gegen das Osmanische Reich: Der Krimkrieg war nicht nur äußerst brutal, sondern markiert auch die Geburtsstunde der Kriegsfotografie. Der Brite Roger Fenton reiste an die Front mit einer fahrbaren Dunkelkammer.

Der Bau der Brooklyn Bridge

Als ihr Mann im Frühjahr 1872 schwer erkrankte, übernahm sie von ihm die Rolle des Chefingenieurs: Der Autodidaktin Emily Warren Roebling ist es zu verdanken, dass die legendäre Brooklyn Bridge in New York zu Ende gebaut werden konnte.

DDR-Hochseefischer

Die Parteisekretäre des Fischkombinats Rostock ließen Tausende Exemplare davon aufkaufen und einlagern. Trotzdem wurde „Fänger und Gefangene", erschienen 1983, ein Erfolgsbuch. Autor Landolf Scherzer beschreibt darin die Missstände auf einem volkseigenen Fischtrawler und übt Kritik am DDR-Wirtschaftssystem.

Brieftauben

Sie transportierten politische Botschaften über den Ozean. Und man nutzte sie, um Schiffbrüchige aufzuspüren. Brieftauben finden sich über Wasser genauso gut zurecht wie über Land. Wie ihr hochkomplexes Navigationssystem funktioniert, ist bis heute ungeklärt.

Der in Hannover lebende Illustrator Roland Hildel interpretierte für **mare** das Lied „Schiffsverkehr" des Musikers Herbert Grönemeyer von 2011. „Werde, wer ich bin / Gute Fahrt / Die Dämonen sind versenkt / Aufgeklart / Es gibt kein Damals mehr / Es gibt nur ein Jetzt, ein Nach-vorher..." lautet eine Strophe des Songs auf dem gleichnamigen Album, mit dem eine Phase der künstlerischen Verarbeitung des Todes seiner Frau endete. Auch wenn die Kritik das Album kontrovers bewertete, gilt Grönemeyer – mit seinem Genrekollegen Marius Müller-Westernhagen in Dauerkonkurrenz um den Rang des erfolgreichsten deutschsprachigen Musikers – trotz Massenkompatibilität und Superstarstatus einem gesellschaftskritischen Anspruch verpflichtet.